PERSONAS.		ACTORES.
Darlemont.	*(firma)*	D. JULIAN ROMEA.
Palmerin.	*(firma)*	D. FLORENCIO ROMEA.
Renato.	*(firma)*	D. PEDRO SOBRADO.
Bardelier.	*(firma)*	D. LÁZARO PEREZ.
Claudio.	*(firma)*	D. JOSÉ CASTAÑON.
Juan.	*(firma)*	D. JUAN FERNANDEZ.
Benard	*(firma)*	D. FRANCISCO MONTERO.
Turgot.	*(firma)*	D. LORENZO UCELAY.
Gilberto.	*(firma)*	D. LORENZO PARIS.
Barville.	*(firma)*	D. MANUEL GARCÍA.
El Padre Anselmo.	*(firma)*	D. JOSÉ PEREZ PLÓ.
Genaro.	*(firma)*	D. IGNACIO SILVOSTRI.
Pablo.	*(firma)*	D. IGNACIO HERNANDEZ.
Enrique, niño de cinco años.		»
Luisa.	*(firma)*	DOÑA MATILDE DÍEZ.
Susana.	*(firma)*	DOÑA MARÍA CÓRDOBA..
Gertrudis.	*(firma)*	DOÑA TRINIDAD PARRA.

ACOMPAÑAMIENTO.

ACTO PRIMERO.

Una calle.—A un lado la casa de Bardelier, de bulto: se ve la escalera y la sala del piso principal; todo practicable.

ESCENA PRIMERA.

JUAN, saliendo de la casa con un baul seguido de BARDELIER y detrás de este BONARD.

BARDEL.	Y cuidado con entretenerte; queda mucho que hacer.
JUAN.	¡Pues qué! ¿Tengo que volver?
BARDEL.	Hasta que lo hayas llevado todo.
JUAN.	Entonces no acabo de aquí á la noche... y hoy es domingo.
BARDEL.	No importa; yo lo cargo sobre mi conciencia; tendrás buena propina.
JUAN.	Vamos andando. (Váse.)
BARDEL.	Disimulad, señor Bonard; ¡con que eso es ya cosa corriente! Queda hecho el traspaso de mi tienda á favor del señor Monnet, segun consta de esa escritura que acabo de firmar: mañana podreis ponerle en posesion del cuarto.
BONARD.	Es corriente. ¿Pero segun esto, aquel viaje de que me hablásteis es cosa que está muy próxima?
BARDEL.	Tan próxima, que más no puede ser. He salido con vos aquí fuera para hablaros de eso.
BONARD.	¿Fuera?
BARDEL.	Si señor: porque así en vuestra escribanía

como en mi casa, hay muchos oidos listos y...
en fin, Susana, mi amada esposa, es la mejor
mujer del mundo; pero á excepcion de
mi criada Gertrudis, no conozco otra más
curiosa ni parlanchina.

BONARD. ¿Y cuándo es el viaje?

BARDEL. (Despues de mirar á uno y otro lado.) Esta noche al
toque de ánimas.

BONARD. ¡Jesús! ¿Os estais chanceando, amigo Bardelier?

BARDEL. No; no, no, amigo Bonard. Y ya estoy deseando
saltar de aquí.

BONARD. ¿Y son los amores de ese Palmerin el pintor,
con vuestra sobrina Luisa los que os asustan,
á punto de daros esa prisa?

BARDEL. ¡Eh! No deja eso de tenerme en ascuas, por
más que él haya cumplido exactamente la insinuacion
que le hice de que no volviera á
poner los piés en mi tienda.

BONARD. Yo creo que en eso anduvísteis algo severo.
Palmerin es un mozo honrado, comedido y
de mucha habilidad. Su profesion de pintor
le pone en contacto con lo principal de la nobleza
y con el clero, que contínuamente le
encarga cuadros para la iglesia. Aun no hace
muchos dias que envió á Versalles una coleccion
de cuadros del apostolado, que le ha
dado mucha fama en la corte y le ha valido
muy buenos luises de oro.

BARDEL. Todo eso lo sé. Y veo que me vais á decir:
«¿por qué no le casais con vuestra sobrina?»

BONARD. Eso es justamente lo que iba á proponeros.

BARDEL. Pues bien, no puedo casarlos, porque habeis
de saber que esa hermosa jóven; esa Luisa
que vive en casa desde que tenia año y medio,
y pasa por hija de mi difunto hermano...
(Con misterio.) no es tal sobrina mia.

BONARD. ¡Cómo!

BARDEL. Luisa es hija del duque de Cressac, perseguido por protestante cuando la revocacion del edicto de Nantes, y forzado á huir y refugiarse en Bohemia.

BONARD. ¿Y qué relaciones existian entre vos y el duque para que arrostreis las tristes consecuencias de semejante servicio?

BARDEL. Mi padre era mayordomo del castillo, y yo nací allí el mismo dia que el duque: con él me crié... juntos pasamos la niñez... él nunca lo ha olvidado; y en el dia del infortunio, vino disfrazado á llamar á mi puerta en una noche fria y lluviosa, y mostrándome una niña que traia oculta bajo la capa.—«¡Bardelier, hermano mio!, me dijo, los fanáticos estan pegando fuego al castillo... se ha puesto á precio mi cabeza... pero yo no quiero pensar en salvarla, mientras no asegure la vida de Luisa: ¿quieres guardarme mi hija?»—«¡Cómo si quiero!, esclamé tomándola en mis brazos, ¡y me honro con esta prueba de confianza!»—El pobre me besó las manos llorando á lágrima viva, y se separó de mí diciéndome: — «¡Amigo mio, pidamos á Dios que ilumine al rey, porque le aconsejan mal!»

BONARD. ¡Bien os portásteis, amigo Bardelier! ¡No lo hubieran hecho muchos que pasan por honrados!

BARDEL. Diez y siete años han pasado sin que haya recibido noticias suyas; y hace cinco meses que un bohemio llamado Claudio me trajo un cofrecillo que contenia las joyas de familia y los títulos y pergaminos, con una carta dirigida á mí por el duque pocas horas antes de morir. Ahora bien, los documentos prueban que Eleonor-Francisca-Luisa, único vástago directo, tiene derecho, por haber permanecido en Francia, segun los últimos decretos, á la herencia de su padre.

BONARD.   ¡Muy feliz va á ser esa niña!... ¡Y lo merece
           en verdad!

BARDEL.   Ahora bien, con la proteccion del señor Flé-
           chier, obispo de Nimes y pariente mio, pen-
           saba yo vender mi tienda en estos tres meses,
           y marchar para el otoño á Paris con toda la
           familia, á fin de solicitar de nuestro gran rey
           Luis XIV la rehabilitacion de Luisa en la he-
           rencia de su padre.

BONARD.   ¿Y qué os obliga á precipitar vuestro viaje?

BARDEL.   Un incidente imprevisto. El domingo pasa-
           do se me presentó en casa de buenas á pri-
           meras y sin el menor antecedente, el caba-
           llero Darlemont, pariente lejano... pero tan
           lejano, que no lo alcanza un galgo, de los
           duques de Cressac, y gobernador del Delfi-
           nado, fanático, feroz y perseguidor implaca-
           ble... ¿y á qué direis que venía? A pedirme
           la mano de mi sobrina.

BONARD.   ¡Calla!... ¡Pues es casualidad! ¡Venir á pedir
           la mano de una parienta, sin saberlo!

BARDEL.   ¡Qué sin saberlo!... Lo sabe todo. Ha toma-
           do á su servicio al bohemio Claudio, y por
           este ha sabido lo del cofrecito, las joyas y los
           papeles. Con estas noticias, se ha presentado
           echándola en mis barbas de desinteresado.
           Sin embargo, yo creí que debia hablar de ello
           á Luisa, y así lo hice.

BONARD.   ¿Y qué?

BARDEL.   Me respondió con mucha rosolucion que la
           disgustaba sobremanera el aire de suficien-
           cia y vanidad insultante del caballero Darle-
           mont, que no podia sufrirlo; y que además
           nunca sería esposa de un fanático, conocido
           por el más cruel y sangriento perseguidor.

BONARD.   ¡Miren si tiene carácter!

BARDEL.   Me fué preciso darle parte de esta negativa...
           endulzándosela como mejor pude, y yo temia
           de sus resultas algun varapalo... pero nada:

gracias á Dios, el gobernador se contuvo, se retiró con mucha moderacion de casa, y no volvió más. Pero en estos ocho dias he notado, que unas veces él, otras Claudio el bohemio, y algunas los dos, me andan rondando la casa al anochecer, y hablándose con misterio; y como ya conozco la moralidad del tal bohemio, me temo alguna tramoya... ¡qué sé yo!... Algun rapto...

BONARD.   ¡Capaces serán de todo!

BARDEL.   (Tomándole del brazo y en voz baja.) ¡ Decia yo bien!... miradlos allá en mitad de la calle espiándome la casa... ¡Sí, sí!... Dad vueltas á la jaula... que el pájaro va á volar. Quiero aparentar que no hago alto en ellos: aquí viene el mozo, voy á entrar con él.

BONARD.   ¡Pues adios!... ¡Buen viaje! ¿Me escribireis?

BARDEL.   En cuanto llegue. ¡Adios! (Dánse la mano.— Juan pasa saludándolos, y se entra en la casa, Bardelier le sigue.—Bonard se va por el lado opuesto.— Darlemont y Claudio aparecen como paseándose.)

ESCENA II.

DARLEMON, CLAUDIO; luego GERTRUDIS; despues RENATO.

DARLEM.   Lo dicho: reconozco en tí, Claudio, el mayor pillo que ha criado la Bohemia, y te ofrezco hacerte mi escudero tan luego como me vea duque de Cressac.

GERTRUD.   (Al balcon del primer piso.) ¡A ver si viene el pícaro de Renato! (Mirando hácia la calle.)

CLAUDIO.   Pues ya puedo hacerme el equipaje, mi querido amo y señor, porque esta misma noche lograreis vuestro deseo; esa llave que he mandado hacer os dará entrada en la casa, y podreis apoderaros del cofrecillo que traje yo de Bohemia.

DARLEM.   ¡Ah, señorita caprichosa!... ¡no quereis partir

conmigo, con un pariente, el ducado y los
bienes de vuestro padre!... Pues bien, hermosa mia, me quedaré yo con todo ello, y
vos seguireis vejetando en la oscura clase de
sobrina del platero Bardelier. ¡Y lo siento, á
decir verdad!... porque... desde que la ví la
iba queriendo un poco... tiene un atractivo...
y aun se me figuraba que desde que concebí
esperanzas de que fuera mi esposa, me iba yo
haciendo más humano...

GERTRUD.   Por más que me desojo... nada. ¡No tiene
prisa de verme el señor mio!... Y el amo me
ha prohibido asomarme hoy al portal... ¡vaya, que le dan unos caprichos!...

DARLEM.   Si fuese verdad, como por ahí se susurra,
que ese villañuelo embadurnador de lien-
zos.:.

CLAUDIO.   ¡Ah!... ¿ese tunante de Palmerin?

DARLEM.   Pues, es el que tiene levantada de cascos á
Luisa... Le habia de hacer dar unas baquetas
por mis dragones, debajo de las ventanas de
su amada, despues de arrancarle uno por uno
los pelos rubios del bigote.

CLAUDIO.   Mejor será que penseis en arrancarle la novia
que no los bigotes.

DARLEM.   Lo uno no quita lo otro. Pero no es mala
idea.... tomar por fuerza lo que no se consi-
gue por voluntad.

CLAUDIO.   Eso es, el ducado y la muchacha. Empece-
mos por lo primero, puesto que ya teneis la
llave falsa.

DARLEM.   ¿Estás seguro de que abriré con ella la puerta?

CLAUDIO.   ¡Y tanto! Es enteramente igual á la del señor
Bardelier... como que saqué el molde en
cera.

DARLEM.   No hay más de malo que el ruido que haré al
entrar.

CLAUDIO.   Eso seria peligroso, si el platero durmiera en
casa; pero ya os he dicho que esta noche se

pone en camino; no quedan en la casa más
que las tres mujeres... y aunque oigan algun ruido, no harán más que acurrucarse en
la cama, y rezar á todos los santos del almanaque... que no vendrán á ayudarlas. (Aparece en el fondo Renato embozado en una larga capa, y cubierto con un sombrero de ala ancha.)

GERTRUD. ¡Ah! allí viene mi Renato... Es preciso hacer
que me vea.

DARLEM. Pues el viejo platero no deja de tener buen
olfato.

RENATO. (Viendo á los dos.) ¡Malditos charlatanes, que
han ido á pararse donde justamente me estorban! (Atraviesa el fondo, y se oculta.)

DARLEM. Encargar que no digan nada de su viaje, y
marcharse de noche... Apostaria á que lo hace
por miedo de alguna tentativa de mi parte.

RENATO. (Volviendo á aparecer.) ¡Si acabarán de irse! (Se
pasea por el fondo.)

CLAUDIO. Por fortuna hay vino en el mundo que sabe
descubrir secretos... y con unos cuantos tragos, le he hecho vomitar al carretero la hora
en que ha dispuesto salir.

GERTRUD. Si fuera más oscuro, mejor jarro de agua
que les habia de echar encima á los pelmazos...

DARLEM. Toma ese doblon, y anda tú tambien á remojar el paladar hasta el toque de ánimas. Yo
voy entre tanto á la intendencia, á ver si se
han preso muchos herejes. (Oyen tocar á vísperas.)

GERTRUD. Ya estan tocando á vísperas.... la señorita
irá con el ama, y tendré que acompañarlas....
(Haciendo señas á Renato.) ¡Eh!

CLAUDIO. ¿En qué os quedais cavilando?

DARLEM. En que la niña va á salir para ir á la iglesia.
Vete, vete; voy á verla pasar. (Váse Claudio.)

RENATO. (Aparte.) Ya no tardará en salir... estemos listos para tomar la monedita de costumbre.

ESCENA III.

DARLEMONT, RENATO, GERTRUDIS á la ventana, SUSANA
y LUISA.

SUSANA.   (Saliendo sola primero.) ¡Gertrudis! ¡Gertrudis!

GERTRUD.   (Desde adentro, despues de quitarse de la ventana.)
¿Qué mandais, señora?

SUSANA.   ¡Pronto!... Tráete el libro de devociones de
Luisa, que está sobre la mesa y el mio...
despacha, que ya va á empezar el sermon.

GERTRUD.   (Dentro.) Voy, señora, voy.

LUISA.   (Saliendo) ¿Vamos, tia?

DARLEM.   (Mirándola.) ¡Es celestial la muchacha!...

GERTRUD.   (Saliendo con los libros.) Aquí están.

SUSANA.   (Tomando uno y dando otro á Luisa.) Vente con
nosotras.

GERTRUD.   Señora.... es que....

SUSANA.   ¿Qué?

BARDEL.   (Asomándose á la ventana.) No te lleves á Gertrudis, que hace falta en casa.

GERTRUD.   (Aparte.) ¡Eso es!... ¡Ahora el amo!... No me
dejarán hablar un minuto....

SUSANA.   (A su marido.) Déjala venir un momento ... en
cuanto rece las vísperas....

BARDEL.   Las rezará conmigo.... andad vosotras.

GERTRUD.   (Aparte) ¡Eso es!... ¡Y Renato se va á deses-
perar!....

DARLEM.   (Aparte, saludando á Luisa que apenas le contesta. Yo
te bajaré ese orgullo.... deja que llegue la
noche.... y mañana te darás con un canto en
los pechos por ser mi esposa.

RENATO.   (Que ha permanecido en el fondo, se quita el sombrero y
se acerca á las dos.) El Señor vaya en vuestra
compañía.

SUSANA.   Dios le ampare, hermano.

LUISA.   (Se detiene, envuelve una moneda en un papel y se la
da á escondidas.) ¡Dios nos dé que dar, herma-
nito!

DARLEM. ¡Y qué caritativa!... ¡Ganas le dan á uno de ser mendigo! (Se adelanta para hablarlas, pero ellas desaparecen y se halla cara á cara de Renato, que está desenvolviendo la moneda.)

ESCENA IV.

GERTRUDIS, RENATO y DARLEMONT.

DARLEM. ¡Calla!... ¡Qué es lo que veo!
RENATO. ¡Capitan!...
DARLEM. ¡El calaveron de Renato!...
RENATO. El mismo de siempre, capitan.
DARLEM. ¿Y qué te haces, hombre?
RENATO. Nada.... pasearme.
GERTRUD. (Desde la puerta.) ¡Vaya!... ¡Ahora se pone en conversacion con el otro! (Entrase.)
DARLEM. ¿Y por qué dejaste el servicio?
RENATO. Una bala de mosquete me dió el retiro antes de tiempo.
DARLEM. ¿Y en qué te ocupas aquí?
RENATO. (Dudoso.) ¿En qué me ocupo?... En nada.... es decir.... en enamorar muchachas por pasatiempo. A propósito, allí hay una que tengo ahora en juego....
DARLEM. ¿Y cómo es que pides limosna?
RENATO. (Aparte.) ¡Me ha visto la maniobra! No la pido.... sólo cuando viene rodada.... (Aparte.) ¡Ah, Palmerin!... ¡Sólo por tí haria yo este papel!
DARLEM. ¡Eso es una vergüenza!...
RENATO. ¡Ya! Pero el comer....
DARLEM. ¡Un soldado que ha servido á mis órdenes!... ¿Por qué no solicitas entrar en los inválidos?
RENATO. Estoy cansado de comer el pan del Rey.... Es muy negro y muy duro....
DARLEM. Pero cuando no hay otro....
RENATO. Lo que es pan, no me falta....
DARLEM. ¡Dale!... Pues entonces, ¿cómo pides limosna?

RENATO. (Aparte.) ¡No encuentro salida!... ¡Mucho tiene que agradecerme Palmerin! Es que.... lo que es recursos no me faltan.... sólo que yo no quiero abusar.... tengo un amigo.... un mozo pintor.... de mucha fama....

DARLEM. ¿Palmerin?... ¿Tambien tú conoces á ese mequetrefe?

RENATO. ¡Vaya si le conozco! Íbamos juntos á la escuela.... él estudiaba por mí.... y yo enredaba por él.... así es que él ha salido pintor.... y yo vagamundo.... Ahora hemos vuelto á encontrarnos en el mundo.... y como él gana buenos luises.... yo le ayudo á gastarlos.... mientras encuentro alguna ocupacion....

DARLEM. Pues ya que eres su amigo, ¿quieres darle un consejo de mi parte?

RENATO. Si es bueno, ¿por qué no?

DARLEM. Pues dile que procure no ponérseme nunca delante.

RENATO. ¡Calla!... (Mirando adentro.) ¡Tambien es casualidad!... ¡justamente ahora vais á tenerle delante!... Decídselo vos mismo, que él sabe responder... no penseis que su mano entiende solo de pinceles...

ESCENA V.

DARLEMON, RENATO y PALMERIN.

RENATO. (Saliéndole al encuentro.) Adios, Palmerin. (En voz baja.) Luisa me ha dado la limosna de costumbre.

PALMERIN. ¡Ah!... ¡si me anunciará que nos veremos ésta noche!

RENATO. Ven acá; llegas á tiempo. Este caballero me estaba dando un consejo para tí. Es el señor Darlemont, gobernador del Delfinado.

PALMERIN. Señor caballero, os doy gracias, y estoy pronto á recibir vuestro consejo.

DARLEM. Pues bien, mocito, ya que este truhan pone á un caballero en el caso de cruzar su palabra con la de un villano, os recomiendo que trateis de no poneros nunca delante de mí,

PALMERIN. Yo no me pongo nunca delante de nadie, señor caballero; yo sigo tranquilamente mi camino, y para encontrarme con alguno, es preciso que sea él quien venga á ponérseme delante.

DARLEM. En cuyo caso te harás á un lado con mucho respeto para dejarle pasar, si es un caballero.

PALMERIN. Por urbanidad lo hago siempre; pero cuando lo exigen con altanería, entonces levanto yo la cabeza.

DARLEM. ¡Hola! Pues, sin rodeos: se dice y desearia saberlo, que la sobrina de Bardélier, la hermosa Luisa, gusta de tí.

PALMERIN. Si fuera cierto, ¡por Dios santo! que guardaria en mi seno, como un misterio divino tamaña felicidad: porque el publicarlo seria desleal y cobarde.

DARLEM. ¿Por el fuego con que hablas de ella se conoce que la amas?

PALMERIN. ¿Y quién no ha de amar esa flor cándida y pura?

DARLEM. ¿Y tienes intencion de casarte con ella?

PALMERIN. Podria negarme á responderos; pero os diré que de un mes á esta parte, no tengo ya semejantes intenciones.

RENATO. (Aparte.) ¡Yo lo creo!... ¡Cómo las ha de tener!

DARLEM. ¡Puedes darte la enhorabuena de ello!

PALMERIN. ¿Y por qué ha de valerme eso vuestra enhorabuena?

DARLEM. Porque si no fuera así, yo te lo prohibiria.

PALMERIN. ¿Y si yo tuviera la desgracia de desobedeceros, señor caballero?

DARLEM. En ese caso, yo te daria una leccion de obediencia y de respeto, que no olvidarias en mucho tiempo.

PALMERIN. ¡El caballero Darlemont está hoy de broma
sin duda! Pues qué..... ¿me concederia el
honor de cruzar mi humilde espada con su
noble tizona?

DARLEM. ¡Mocito!... ¡La vanidad te ciega! Lo que yo
haria sería mandarte dar unas baquetas, de
modo que te quedasen las señales para toda
la vida.

PALMERIN. Eso, señor caballero, sería infernar un alma;
porque convertiríais á un inocente... en asesino.

DARLEM. ¡No sucederia tal!

PALMERIN. Creed que sí, señor caballero. El que lo-
gre infamarme, pierde mi alma... porque me
obligará á matarle á puñaladas... como á un
perro.

RENATO. ¡Oh!... él es un cordero... pero cuando dice
una cosa la hace. (Aparte.) ¡Y yo le ayudaria!

DARLEM. ¡Pobrecito! Hojas muy bien templadas se han
roto contra este pecho sin herirlo, y yo he
deshecho la mano que las guiaba. Dáos por
advertido.

PALMERIN. Agradezco el aviso, señor caballero; pero cor-
reré el albur, y Dios dirá.

DARLEM. Pues bien: si quereis hacer la prueba, no teneis más que venir, contra mi prohibicion, á
suspirar bajo esos balcones.

PALMERIN. Justamente es mi paseo cotidiano, señor caballero.

DARLEM. Pues yo vendré á indicaros otro.

PALMERIN. Dudo que me convenga: me haria daño el
cambiar.

RENATO. Como que el aire de esta calle es muy
sano...

DARLEM. Yo traeré conmigo un médico que se encar-
gue de curaros, señor pintor.

PALMERIN. Lo aguardaré á pié firme.

DARLEM. Pues, hasta mañana.

PALMERIN. Hasta mañana.

ESCENA VI.

PALMERIN y RENATO.

RENATO. Muy alto picas, hermano pintor.

PALMERIN. ¡Y qué quieres! El necio orgullo de ese matachin me ha encendido la sangre. No sé si es odio ó son celos... porque se me figura que ese hombre ha puesto los ojos en Luisa... y me he estremecido de cólera.... estaba aguardando que me hubiese tocado sólo con la punta de los dedos el vestido, para haberle rasgado la cara con el pomo de la daga.

RENATO. Y que te hubieran ahorcado por insultar á un caballero.

PALMERIN. ¡Ah!

RENATO. Y más: así dice la ley... Ley hecha por en provecho propio... Ley del embudo.

PALMERIN. ¡Verdad es!... No hay más remedio que someterse á ella.

RENATO. ¡Hasta que Dios quiera!

PALMERIN. Pero no quiero hablar más de ese fatuo, cuando he venido á que me des la vida.

RENATO. En el bolsillo la tengo.

PALMERIN. ¡Qué! ¿Ha salido ya Luisa?

RENATO. Con su tia. Yo estaba de centinela, como todos los domingos, con el sombrero en la mano, haciendo de estafeta para tí y de mendigo para ellas. ¡Solo siento que ese maldito Darlemont me ha visto, y ha creido que yo pedia de véras limosna!

PALMERIN. ¡Y te lo habrá echado en cara!... ¡Y yo soy la causa!... Perdóname Renato.

RENATO. ¡Eh!... ¿qué importa?—(Desdobla la moneda y da el papel á Palmerin.) Toma, toma... ahí tienes la vida... como tú dices.

PALMERIN. ¡Dame, dame! (Lee.)

2

RENATO.   ¡He aquí una moneda de doce sueldos, dada por la blanca mano de la niña más linda que he visto en mi vida!...

PALMERIN. (Leyendo.) ¡A las diez de la noche!

RENATO.   ¡Hola! ¡Cita tenemos!... Y no como el domingo pasado que no hubo novedad. Pues no es mucho que digamos, una entrevista por semana.

PALMERIN. (Leyendo.) ¡La ha pedido en matrimonio el caballero Darlemont!...

RENATO.   ¡ *Tarde piache*, amigo mio!

PALMERIN. ¡Ah! ¡Bien le aborrecia yo por instinto!.. Es necesario tomar un partido... ¡Esto no es vivir!

RENATO.   Ya era tiempo: tres meses hace que os casásteis de secreto... y no os veis más que una hora cada ocho dias... eso no vale la pena de ser marido y mujer.

PALMERIN. ¿Si se decide ella á partir, puedo contar contigo?

RENATO.   ¿No estoy yo en el mundo para servirte de hermano... para partir contigo las penas, las alegrías, el dinero?.. ¿No hago la corte, por ti, á la buena Gertrudis, la fregona?... ¿No fuí yo quien te buscó dos testigos, entrando yo en la cuenta, y un cura que te echase la bendicion nupcial?... ¿No me escogerias por padrino, si tuvieras que escabechar á Darlemont, porque ultrajase á tu mujer?...

PALMERIN. ¡Ultrajar á mi mujer!... Vaya, Renato no hablemos de eso.

RENATO.   Es verdad; hablemos de la cita.

PALMERIN. Sí, sí. Mientras llega la hora, voy á pasearme á la orilla del rio.

RENATO.   Y yo á cenar opíparamente con la pieza de doce sueldos.

PALMERIN. Mira, Renato, mira... Allí creo que viene.

RENATO.   Pues vámonos aprisa.

PALMERIN. ¡Y despues de haber pasado dos domingos

casi sin verla, he de perder este breve momento de contemplarla al paso!

RENATO.   Esta noche la verás... y sin el estorbo de la
            tia.

PALMERIN.   Me pondré á cierta distancia...

RENATO.   Haz lo que quieras.

ESCENA VII.

DICHOS, BARDELIER, GERTRUDIS; luego SUSANA y LUISA.

Renato se acerca á la casa: Gertrudis sale á la puerta, pero Bardelier
llega por detras y la detiene por el vestido.

BARDEL.   Ya he dicho que no salgas.

GERTRUD.   (Furiosa.) ¡Pero qué le ha dado hoy á este hom-
            bre! ¡Tener aqui al novio y no poder hablar-
            le una palabra!... (Juan sale de la casa con carga.)

BARDEL.   (A Juan.) Juan, asi que dejes eso, ve á tomar
            un bocado, y vuelve aquí entre ocho y nue-
            ve, estás? Ese será el último viaje.

JUAN.   Bien, mi amo. (Vase.) (Salen Susana y Luisa: Pal-
            merin hace señas á esta: Bardel. lo observa.)

LUISA.   (Aparte.) ¡El es!

BARDEL.   (Aparte.) ¡Allí está el amigo!... Sí, hazle se-
            ñas... que serán las últimas.

RENATO.   (Llegándose á Palmerin.) ¿Ves como te observa el
            viejo?....al fin harás que sospeche.

PALMERIN.   ¡Qué hermosa está!

RENATO.   ¡Y tú qué tonto!... Vámonos, vámonos de
            aquí. (Se le lleva.)

ESCENA VIII.

BARDELIER, SUSANA y LUISA.

SUSANA.   Pere dime, hombre, ¿qué llevar y traer es ese,
            que no ha cesado Juan en todo el dia?

BARDEL.   Ya lo sabrás, mujer. ¿Y qué tal, Luisa, te
            ha gustado el sermon?

LUISA.   Sí, señor, mucho; lo he oido con suma aten-
           cion.

SUSANA.   Y eso que nada tenia que ver con ella; porque
           el cura ha predicado acerca de los deberes de
           las mujer, ~~son con el marido~~. aunque

BARDEL.   Algun dia le servirá lo que ha oido. Y si hu-
           biera aceptado la oferta que la hicieron ocho
           dias há...

SUSANA.   ¡Muy delicada eres, hija! Despreciar así á un
           caballero de la alta nobleza ..

LUISA.   No es la gerarquía la que yo busco, tia. Y
           vuestro casamiento me está probando que los
           títulos y la cuna no son los que constituyen
           la felicidad. ¿No es verdad, tio?

BARDEL.   Eso depende... ¡Pero no os parece que hace
           una tarde hermosa!... Saca unas sillas, Lui-
           sa. Nos sentaremos un rato á la puerta.

LUISA.   Voy, tio. (Entra en la casa.)

SUSANA.   Voy yo tambien á ver si Gertrudis ha dispues-
           to la cena.

BARDEL.   (Deteniéndola.) No hay para qué. La he dicho
           yo que no disponga nada.

SUSANA.   Pues qué, ¿es hoy dia de vigilia?

BARDEL.   No; pero no cenamos en casa.

SUSANA.   ¿Qué estás diciendo?... ¡Pues, cómo!... ¡y no
           me has dicho nada!... ¿Dónde vamos á cenar?

BARDEL.   Lo sabrás cuando lleguemos.

LUISA.   (Con las sillas.) Aquí están las sillas.

BARDEL.   Sentémonos.

SUSANA.   ¿Has visto, Luisa?... ¡No cenamos en casa, y
           no quiere tu tio decirnos dónde cenamos!

LUISA.   El es quien manda, tia. Ya sabeis que el pre-
           dicador nos ha dicho, que la obediencia es uno
           de los deberes de la mujer.

SUSANA.   (Sentándose como los demás.) Tambien debia haber
           dicho algo sobre los deberes del marido.

BARDEL.   Los deberes del marido voy á decírselos; tra-
           bajar para que su familia viva honradamente,
           y cuidar que nada turbe su tranquilidad.

> Mi trabajo y tu economía nos han puesto en
> el caso de pasarlo con decencia donde quiera
> que vayamos á residir: sólo nos falta elegir el
> sitio donde podamos vivir con tranquilidad; y
> eso es lo que yo he hecho, como jefe de la casa.

SUSANA. ¡Reconozco vuestro méritos, esposo y señor!... ¿Pero insistes en la idea que nos mar-
chemos de aquí este otoño dentro de tres
meses?

BARDEL. (Acercándose á ellas.) Escuchadme: esta ciudad
no le conviene á alguno de nosotros.

LUISA. (Aparte.) ¡Cómo me mira!

SUSANA. ¿Si quisieras decirme á quién y por qué?

BARDEL. Te lo diré cuando estemos fuera de ella.

SUSANA. Pues todavía va largo.

BARDEL. ¡No tanto!

SUSANA. ¡Digo!... A menos que adelantes el viaje...

BARDEL. Lo adelanto tres meses.

LUISA. ¡Cómo!... ¡Tío!...

SUSANA. Por esa cuenta, ¿marchamos mañana ó pasado
mañana?...

BARDEL. Marchamos hoy.

SUSANA. ¿Te estás burlando?

BACDEL. Hoy te digo; y dentro de una hora.

LUISA. (Trémula y alterada.) ¡Dice bien mi tía!... Quereis
embromarnos... ¿no es verdad?... Decís eso
por meternos miedo.

BARDEL. ¿Y por qué os ha de dar esto miedo?

SUSANA. ¿Pero cómo nos has de hacer creer que dejas
así la tienda abandonada?... ¿Y los muebles?...
¿Y la ropa?... ¿Y lo que hay que arreglar?...

BARDEL. Todo está arreglado, doblado, empaquetado...
ropa, vajilla, efectos... los de Luisa, los tu-
yos, los mios... hasta los de Gertrudis. Tras-
pasada la tienda... en fin, todo. Sólo espero
á Juan para llevar un cofrecito, que será lo
último, y echamos á andar. (Luisa al oirlo se tur-
ba y casi se desmaya.) ¡Luisa!... ¡Sobrina!... ¿Qué
es eso?... ¿Qué tienes?...

SUSANA.	(Sosteniéndola.) ¡Qué ha detener!... El asombro... ¡la sorpresa!... ¡Y no sé cómo yo no me desmayo tambien!... ¡Esto es un trabucazo!... ¡Irnos así... de repente... á escondidas... sin despedirnos de nadie... á manera de una fuga!...
BARDEL.	(Levantándose.) Es preciso.
SUSANA.	¡Buena campanada vamos á dar!... ¡Que dirán los conocidos!... ¡Anochecer y no amanecer!...
BARDEL.	Así he querido que sea.
LUISA.	(Levantándose impetuosamente.) ¡Es imposible, señor!... (Con firmeza.) No partiré.
BARDEL.	(Con energía.) ¡Cómo!
LUISA.	(Bajando los ojos.) No puedo... no debo partir.
BARDEL.	¡Aquí nadie manda sino el jefe de la familia, señorita!... Y cuando dispone una cosa hay que obedecerle. El sacerdote que ha esplicado los deberes de la mujer para con su marido, os habrá dicho que para ser buena esposa y buena madre, es necesario haber sido hija sumisa y obediente. Obedece pues.
LUISA.	¡Ay, amado tio!
BARDEL.	Mete la mano en tu pecho, y dime si crees que este viaje repentino lo haré yo por tu tia ó por mí: ¡pregúntale á tu conciencia!
LUISA.	¡Ah! ¡Sí, sí... conozco que por mí es todo esto!... ¡Veo que habeis descubierto los secretros de mi corazon!... ¡Pero ya es tarde, señor!... oidme... y os diré de rodillas...
BARDEL.	¿Qué haces?... repara donde estamos.
LUISA.	Pero...
BARDEL.	Basta... nada quiero oir... partirás, yo lo mando.
LUISA.	¡Ah!... ¡Primero!...
BARDEL.	(Aparte.) Esto es más de lo que yo creia. (Trae á Luisa á un lado.) Escúchame... (A Susana que los sigue.) Déjanos un rato... entra á disponer lo que necesites: esto es sólo para los dos. (Vase Susana.) Creí que bastaria mi auto-

ridad para hacerme obedecer; pero una vez que no es así y que mi ternura no halla eco en tu corazon, apelaré á otro lenguaje.

LUISA.   Permitidme, señor...

BARDEL.   No me interrumpas. Escuchad, señorita: ese título que os doy de sobrina... me obligais á decíroslo antes de tiempo, no es más que una expresion de cariño; vos no sois hija de mi hermano.

LUISA.   (Admirada.) ¡Dios mio!... ¿Pues quién soy yo?

BARDEL.   (Sacando un papel.) Vuestro destino está aquí, trazado por la mano de un moribundo.

LUISA.   (Tomando trémula el papel.) ¡Mi destino!

BARDEL.   ¡Leed!... ¡Leed!

LUISA.   (Lee.) «El duque de Cressac, á su amigo Bardelier, platero de Grenoble.»

«Mi querido Bardelier:

Cuando recibas este pliego ya habré yo comparecido ante Dios, porque mi vida está tocando á su término. La niña que confié á tu cuidado, mi Luisa, mi hija querida, será mañana huérfana. ¡Bendícela en nombre de su padre!... Bendícela por mí; pues no le queda en la tierra más protector que mi antiguo amigo de la niñez...» ¡Ah!...

BARDEL.   (Tomando el papel.) «¡Sí, mi querido amigo!... En tí deposita toda su autoridad paternal, El duque de Cressac.» —Ya sabeis quién sois... quién era yo para vuestro padre... en su nombre pues os hablo... pensad que él, desde allá arriba, me oye y os mira...

LUISA.   ¡Ah!... ¡Mi salvador!... ¡Mi segundo padre!... ¡Y yo en premio de tantos beneficios he podido ofenderos!... ¡Perdon... perdon!... ¡Soy una ingrata!... ¡Estoy pronta á obedeceros!... ¡Estoy pronta á seguiros!...

BARDEL.   ¡Bien, hija mia, bien!... Serénate y vamos... Ven, ven á los brazos de tu padre... Tú ya eres mi hija....

ESCENA IX.

DICHOS, JUAN, CLAUDIO; luego DARLEMONT.

CLAUDIO.　(Aparte) ¡Hola! ¡Los abrazos de despedida!... Llego á tiempo... (Ocultándose.) Aun no ha venido mi amo.

BARDEL.　(A Juan que sale.) Ya te estaba esperando... Entra, Gertrudis te dará lo que has de llevar. (Entrase con él.)

LUISA.　¡Dios mio!... ¡Partir sin avisarle!... Vendrá luego y no me hallará... ¡no hallará á nadie que le dé noticias de mí!... Pero ¡ah! ¡Pronto se las daré yo... y le haré feliz!... ¡Si algun placer me ha causado el saber que soy de elevada cuna, que poseo riquezas... sólo es por él!... ¡Sí! ¡sí!... Cuando entre en posesion de mis títulos, de mis bienes, con qué gozo diré á la faz del mundo: este es el que va á partirlos conmigo... ¡este es mi esposo! ¡Ah! ¡Yo le recompensaré todo lo que ahora va á sufrir! (Saliendo y dirigiéndose á Claudio.) ¿Ya estás aquí?

DARLEM.

CLAUDIO.　¡Chist!...

ESCENA X.

DICHOS, BARDELIER, SUSANA, GERTRUDIS y JUAN.

BARDEL.　(A Juan que sale cargado.) Pero hombre, ¿tanto pesa todo eso, que no puedes llevar además el cofrecito?

JUAN.　¡Cofrecito!... ¡Ya, ya!... ¡Pesa más que todo esto! ¿Qué diablos tiene dentro? Necesito hacer otro viaje para él sólo.

GERTRUD.　Y nada de esto puede quedarse.

BARDEL.　(Aparte.) ¡Cómo ha de ser!... Haré que me esperen metidas en el carruaje, y volveré yo por el cofre.. no sea que este sospeche... (A Gertrudis que tiene una linterna.) A ver, alumbra aquí, cerraré la puerta.

GERTRUD. ¡Pues qué! ¿Nos vamos todos?...

BARDEL. Alumbra, te digo.

GERTRUD. (Aparte.) ¡Mi amo se ha vuelto loco!... ¡A la hora de dormir nos lleva á paseo!

CLAUDIO. (Aparte á Darlemont.) Y tambien las mujeres se van... irán á despedirlo.

DARLEM. (Aparte á Claudio.) Mejor; así no hay ningun peligro.

BARDEL. ¡Ea! Toma mi brazo, Luisa; Susana, toma el de Gertrudis, y Juan delante alumbrando. Eso es: vamos andando. (Se van.)

CLAUDIO. ¡Buen viaje!

DARLEM. ¿Sabes, Claudio, las tentaciones que me estaban dando al verlos marchar?

CLAUDIO. No señor; pero no seria nada bueno.

DARLEM. Derribar de una puñada al viejo, arrebatarle la niña y desaparecer con ella como un rayo.

CLAUDIO. ¿Y el cofrecito?

DARLEM. Cuando la veo, me olvido de todo.

CLAUDIO. Señor amo, lo primero es conquistar el ducado y los bienes.

DARLEM. ¡Es que esa Luisa me ha trastornado la cabeza! Pero en fin, vamos á lo primero, que luego será más fácil...

CLAUDIO. ¿Os acordais dónde os dije que debe estar el cofrecito?

DARLEM. Sí... encima de un armario que hay frente de la puerta de la sala.

CLAUDIO. Eso es.

DARLEM. Veamos si la llave abre.

CLAUDIO. ¡Toma si abrirá!... ¿Quereis que yo pruebe?

DARLEM. ¿Y si alguno pasa y viéndonos á los dos en esa maniobra sospecha?...

CLAUDIO. Entonces iré yo á ponerme de centinela por estas avenidas.

DARLEM. Sí, ve á esperarme bajo el arco viejo... al fin de la calle. (Váse Claudio.)

ESCENA IX.

DARLEMONT.

DARLEM.   ¡No sé qué repugnancia experimento al dar
este paso!... Si fuera tomar una batería...
asaltar un reducto... cargar á una columna
erizada de picas... ¡qué diablo!... ¡Lo he hecho
mil veces... y con gozo, con placer!... ¡me he
arrojado como un leon!¡ ¡Pero llegar de pun-
tillas... falsear una puerta... agarrar un cofre... sacarlo debajo de la capa... y escapar
todo azorado... temeroso... ¡Vamos! ¡Es una
accion cobarde, innoble... propia de un villano! En la guerra soy atroz... no doy cuartel... degüello á cuantos me caen en la mano... registro los muertos... les quito cuanto
encuentro... Si entramos á saco en un pueblo,
nada perdono... nada respeto... ¡Pero esa es
la guerra; voto al diablo!... Son los dere-
chos del vencedor... tambien uno se expone
á que le atraviesen de una estocada, ó á que
lo barra la metralla... ¡Pero esto!... (Despues
de un momento de reflexion.) He de hacer ahorcar
á ese pícaro bohemio que es el que me ha
metido en la cabeza hacer esta picardía.
(Otra pausa.) ¡Pero tambien ella!... ¡Despreciar
mi mano! ¿Veremos si persiste en su negativa?... Y si se empeña en despreciarme... peor
para ella... yo seré duque de Cressac, por
muerte de su padre... ¿Y ella?... Ella está
acostumbrada á vivir como sobrina del platero. Vamos, vamos... no tengo que echar-
me en cara ninguna desgracia... habrá algunas lágrimas y nada más. ¡Animo! (Mete la
llave y abre.) Bien abria la llave... Cerremos
por dentro. (Echa la llave por dentro á la puerta y
sube por la escalera.) ¡Con tal que no pierda el

tino!... (Llega á la meseta y toca la puerta interior.) Esta es la puerta de la sala... ¿Si estará cerrada? (Levanta el picaporte y abre.) ¡No!... ¡Sólo con picaporte! (Entra en la sala.) El armario está enfrente de esta puerta... (Diríjese á él á tientas, tropieza con una mesa, pero llega al fin.) ¡Cáspita!... ¡Este es! (Pone una silla para subirse en ella y alcanza el cofre. Bardelier aparece en la escena.)

ESCENA XII.

DARLEMONT dentro de la casa y BARDELIER fuera.

BARDEL.   Ya las dejo entrando en el carruaje... Vengo sin decirlas nada... porque no empiecen las preguntas... (Mete la llave.) Mi mujer hubiera querido venir tambien... (Entra y sube la escalera: lleva en la mano una linterna.) Vamos á tomar el cofrecito.

DARLEM.   (Que ha bajado el cofrecito y le ha puesto sobre la mesa.) ¡No hay duda!... Claudio es una alhaja... Y le cumpliré la palabra de hacerle mi escudero. ¡Qué oigo!... ¡Gente aquí!...

BARDEL.   ¡Alguien hay aquí dentro! (Levanta el picaporte.)

DARLEM.   ¡Bardelier!... ¡Válgame el infierno!...

BARDEL.   (Reconociéndole con la linterna.) ¡Darlemont!... (Retrocede y ve el cofre.) ¡El cofre!...

DARLEM.   ¡Silencio, miserable!...

BARDEL.   ¡Un noble!... ¡Un caballero!...

DARLEM.   ¡Calla!... ¡Calla!...

BARDEL.   ¿Era este el objeto de tantas idas y venidas?) ¡Robarme!... ¡Ese infame bohemio os ha vendido el secreto!... ¡Pero en el Delfinado hay tribunales!

DARLEM.   ¡Desgraciado!

BARDEL.   ¡Sí!... Y yo denunciaré vuestro crímen.

DARLEM.   (Agarrándolo del cuello.) ¡Tú!... ¡Primero morirás!

BARDEL.   (Con voz ahogada.) ¡Socorro!... ¡Socorro!...

DARLEM.   (Atravesándolo con la daga.) ¡No me has de perder!
BARDEL.   ¡Ay!... (Cae muerto en la meseta de la escalera.)

ESCENA XIII.

DICHOS y PALMERIN.

PALMERIN.   Van á dar las diez... ya me estará esperando mi Luisa... Sin embargo, no bajará hasta que de el reloj de la torre.

DARLEM.   (Que se ha quedado aterrado.) ¡Qué he hecho yo!... ¡Dios mio!... ¡Pero qué recurso!... ¡Me iba á perder... la necesidad me ha obligado á ello!... (Quitándose el sombrero.) ¡Perdóname, Señor! (Pasa por cima del cadáver, baja y sale á la calle dejando la puerta entornada.)

PALMERIN.   ¡No hay luz en su cuarto como tiene de costumbre!... ¡Habrá temido que eso llame la atencion!... ¡Esposa mia!... ¡Qué desgraciados somos!

DARLEM.   (Viendo el bulto de Palmerin, pone máno á la espada.) Aquí hay gente... ¡No le dejaré acercarse á mí!...

PALMERIN.   (Viendo el bulto de Darlemont.) ¿Quién va?...

DARLEM.   ¡Atrás! (Desaparece.)

PALMERIN.   Le ha asustado mi presencia.... me ha tomado sin duda por algun ladron.

ESCENA XIV.

PALMERIN.

PALMERIN.   (El reloj da las diez.) ¡Las diez!... Vamos.—(Llega á la puerta y la halla abierta.) ¡Luisa mia!... Antes de la hora ha bajado á tenerme abierto. (Entra.) ¡Estará en la escalera esperándome!... (Sube, llega á la meseta y tropieza con Bardelier.) ¡Qué es esto!... ¿Qué bulto es este?... (Tocándolo.) ¡Dios mio!... ¡Será mi Luisa que se ha desmayado!...

(Pone una rodilla en tierra.) ¡Luisa!... ¡Cielos!... ¡Es un hombre!... ¡Desmayado?... ¡Muerto tal vez!... ¡El suelo está mojado!... (Levántase.) ¡Qué horror!... ¡Estoy pisando sangre!... ¡Aquí se ha cometido un crímen!... ¡Qué haré, Dios mio! ¿Gritaré?... Si no fuera mas que por mí.... Pero voy á comprometer á Luisa.... á Luisa. ¡Si hubiera dentro luz!... (Mira por la cerradura.) ¡Nada! ¡El silencio de la muerte reina en toda la casa!... ¡Ah! ¡Salgamos!...

ESCENA XV.

DICHOS, GERTRUDIS; luego JUAN, SUSANA y LUISA; luego CLAUDIO y RENATO; luego una patrulla.

GERTRUD. ¡Anda aprisa, Juan!... ¡Mueve esos piés!...
JUAN. Si las señoras vienen despacio....
GERTRUD. ¿Dónde andará el amo?... Se nos desapareció.... y no ha habido quien detenga á la señora.... ni á la señorita....
PALMERIN. (Bajando la escalera.) Así que salga á la calle, gritaré fuego.... vendrá gente.... y yo llegaré de los primeros. (Al salir se encuentra con Gertrudis que llegaba á la puerta.)
GERTRUD. ¡Ah!... ¿Sois vos, señor amo?
PALMERIN. (Aparte.) ¡Gertrudis en la calle á estas horas!
GERTRUD. (Tomándole del brazo.) ¡Buen susto nos habeis dado! (Llamando.) ¡Señora!... ¡Señora!... ¡Ya está aquí!
PALMERIN. ¡Déjame!... ¡Déjame!
GERTRUD. (Asegurándolo.) ¡Ay!... ¡Juan!... ¡Juan!... ¡Un hombre sale de casa!...
SUSANA. (Saliendo.) ¿Qué dices?..
JUAN. (Llegando.) Aquí... estoy.... (Le sujeta.)
PALMERIN. Soltadme.... soy conocido de la casa....
LUISA. (Llegando.) ¡Él es!... (A Susana.) ¡Es Palmerin, tia!... ¡Soltadle!... Suéltale, Juan.
SUSANA. ¡Cómo!... ¡Pero, y mi marido?... ¿Dónde

está?... ¿Está dentro?... ¡Jesús! ¡Qué hombre!.?. ¡Dejarnos así solas y no parecer!...

GERTRUD. (Que ha subido y tropezado con su amo.) ¿Qué es esto?

PALMERIN. (Aparte á Luisa.) ¡Ah Luisa mia!... ¡Huyamos de aquí!...

LUISA. (Aparte á Palmerin.) ¡Pues que ha sucedido!...

PALMERIN. Una desgracia horrible que no puedo comprender....

LUISA. ¡Una desgracia!

GERTRUD. ¡Al asesino.... al asesino!... (Asomándose á la ventana.) ¡No le solteis!

SUSANA. ¡Qué dice!...

GERTRUD. ¡Mi amo!... Mi pobre amo asesinado...:.

SUSANA. ¡Ah!... (Cae desmayada.)

RENATO. (Saliendo.) ¿Qué bulla es esta?

JUAN. ¡Este es el asesino!

LUISA. ¡Ah!... ¡No!... ¡Es imposible!

RENATO. (Aparte.) ¡Palmerin!... ¡Qué impostura!

SUSANA. (Volviendo en sí.) ¡Sí.... lo ha asesinado por venganza!...

LUISA. ¿Por venganza?... ¡Ah! ¡No lo creais!

SUSANA. ¡Sí!... Porque le prohibió entrar en casa.

TODOS. ¡Ah! ..

RENATO. (Aparte.) ¡Sí! ¡Que no entraba él!

CLAUDIO. (Sale con la patrulla.) Por aquí... patrulla....

PALMERIN. ¡Dios sabe la verdad!

LUISA. (Mirando á Palmerin.) ¡Él asesino de mi protector!... ¡Dios mio!... ¡Haced que no sea verdad! (La patrulla rodea á Palmerin.—El jefe entra en la casa y reconoce el cadaver; los vecinos que han acudido quieren entrar: los centinelas se lo estorban.—Cae el telon.)

ACTO SEGUNDO.

El teatro representa la plaza del mercado. En el fondo la iglesia. A la derecha la casa de Bardelier.

ESCENA PRIMERA.

RENATO, TURGOT y JUAN.

A lo largo de la casa hay un carro cargado de paja: la trasera se oculta entre bastidores; la delantera está sostenida en estacas.

RENATO.   Esta es la plaza del mercado: aquí debe estar el carro con la carga consabida.

TURGOT.   En efecto.... allí le veo.

RENATO.   Juan quedó en colocarlo delante de la casa del difunto Bardelier, y llevar los caballos á la cuadra.

TURGOT.   Parece que en esta ciudad no se acostumbra á madrugar mucho.

RENATO.   Verdad es, nadie parece: todo está cerrado.

TURGOT.   Saldrá el sol antes que hayan abierto las tiendas.

RENATO.   ¡Digo!... Pues el que hubiera oido ayer mañana el grito de indignacion, el clamor unánime que resonó en el tribunal al oir pronunciar la sentencia de muerte de Palmerin, ¿cómo no se habia de figurar que hoy estaria conmovida, agitada?... ¡Sí, sí!... Yo corrí á las montañas, y á mi vuelta me la hallo dormida como una marmota. No son así los montañeses, que apenas les he dicho lo que pasaba, han puesto manos á la obra.

TURGOT.   (Aparte.) Enterémonos bien, para dar cuenta exacta.

RENATO. Vísteis como se inflamaron con mis palabras cuando les dije: no creais que le condenan por la muerte de Bardelier, que tan injustamente le han achacado, no; le condenan por ser opuesto á esas medidas feroces, á esa fanática persecucion que se está sufriendo por opiniones religiosas; le condenan porque ha logrado libertar muchas víctimas de la hoguera y del cadalso... por eso... ese es su crímen.

TURGOT. Y en cada choza nos respondian: contad con nosotros para libertarlo. ¡Le salvaremos, ó moriremos en la demanda!

RENATO. ¡Y yo tambien lo juro!... Le salvaré, ó moriré en la demanda. (Tomándole la mano.) Y vos tambien, ¿no es cierto?

TURGOT. ¡Cierto! (Aparte.) A ver cómo logro escurrirme para dar el aviso.

RENATO. Aquí empezará la gresca. ¡Ánimo! Que todo es permitido para salvar á un inocente. (Dirígese al carro.) ¡Pero calla!... ¡Ahí está Juan durmiendo!

TURGOT. ¡Y en cama no muy blanda!

RENATO. ¡Pobre mozo! Llegaria muy cansado... ¡El camino de la montaña es tan malo!

TURGOT. Pues os dejo con él. ¿Ahora no hago falta?

RENATO. No; id echando ya para acá á los que encontreis. Los menos atrevidos, que anden al rededor de la plaza... Siempre harán bulto, y eso conviene.

TURGOT. No tengais cuidado. (Aparte.) ¡En todo está este maldito! (Váse.)

ESCENA II.

RENATO y JUAN.

RENATO. (Yendo debajo del carro.) ¡Hola! ¡Juan!... (Dándole con el pié.) ¡Eh! ¡Juan!... ¡Como un costal de

paja! (Le tira de una oreja.) Será esta la parte
sensible... ¡Eh! ¡Dormilon!

JUAN.   (Asustado.) ¡Eh!... ¿Quién va?

RENATO.   ¡Abre esos ojos!... Soy yo, Renato.

JUAN.   Como estaba durmiendo...

RENATO.   ¡Ya es de dia!

JUAN.   Como no hay nada que hacer...

RENATO.   ¡Pronto habrá!

JUAN.   Por mí, ya estoy listo.

RENATO.   (Sacando de la blusa una espada.) Toma, guarda
este instrumento ahí con los demas, hasta la
hora del baile.

JUAN.   Venga. (Lo esconde entre la paja.)

RENATO.   Ahora, duerme hasta que llegue la hora.

JUAN.   (Volviendo á echarse.) Buenas noches.

RENATO.   Veamos si responde Gertrudis y me da noticias de su ama. (Toca á la ventana del piso bajo.)

ESCENA III.

RENATO, GERTRUDIS á la ventana.

GERTRUD.   ¡Hola! ¡Gracias á Dios que te veo!

RENATO.   Dime... Pero yo no sé hablar con pared por
medio; sal aquí afuera; no hay nadie en la
plaza.

GERTRUD.   Vamos allá. (Retírase y sale.)

RENATO.   (Dándola un abrazo.) ¡Bendita seas!

GERTRUD.   ¡Quieto!... No lo oiga la señorita... Escucha:
en toda la noche no ha pegado los ojos, ni
ha cesado de pasearse por su habitacion; al
fin me llamó, y me dijo que así que amane-
ciera te buscara para que medieras noticias
del estado en que se halla la causa de Palmerin, y que te diera este bolsillo para que se
lo llevaras. Con que dime...

RENATO.   ¡Qué te he de decir!... Que ya para nada le
hace falta este dinero.

GERTRUD.   ¿Pues qué, le han sentenciado?

RENATO.   ¡Y con alma!

GERTRUD.   ¡Me haces temblar!

RENATO.   ¡Le han sentenciado á muerte esos tunantes!

GERTRUD.   ¡Jesús! ¡Dios mio!... ¿Con que han encontra-
            do pruebas?

RENATO.   Niña mia, tú discurres como un perro mastin.

GERTRUD.   ¡Vaya!

RENATO.   ¿Cómo quieres que hayan encontrado prue-
            bas de lo que no es?

GERTRUD.   ¿Pues entonces, cómo?...

RENATO.   Como que á ellos lo mismo les da. Se ha he-
            cho un asesinato, y necesitan ahorcar al ase-
            sino: les viene á la mano un pobre muchacho;
            pues él es. Le ahorcan, y santas pascuas.

GERTRUD.   ¡Mira tú! . Y yo que fuí la que grité y le hice
            prender.

RENATO.   ¡Hiciste una hombrada!

GERTRUD.   ¡Ya! ¡Si entonces hubiera yo sabido esto!

RENATO.   ¡Cómo ha de ser! Tú obraste bien.

GERTRUD.   ¡Ay! ¡Si yo no consigo oir de su boca que me
            perdona, me voy á morir de pena y de mie-
            do!...

RENATO.   Le verás; la sentencia dice que al ir al supli-
            cio le han de pasar por aquí, para que pida
            perdon delante de la casa del difunto.

GERTRUD.   ¡Ay! ¡Dios mio! ¡La señorita se muere!...

RENATO.   Es preciso ver el medio de sacarla antes de
            casa, no sea que lo entienda. (Aparte.) Digo si
            lo entenderá con la gresca que vamos á armar
            aquí.

GERTRUD.   No puede hoy marcharse... ¿No sabes que ya
            el rey le ha devuelto los títulos, y hoy es la
            ceremonia?

RENATO.   De todos modos, no la digas nada de esto. El
            dinero lo tomo... y lo emplearé en socorro de
            Palmerin... (Aparte.) En repartirlo entre los
            montañeses que le han de salvar.

GERTRUD.   ¿Cómo?

RENATO.   Ya lo verás luego, sin que nadie te lo cuente.

ESCENA IV.

DICHOS, BONARD dirigiéndose á la puerta.

RENATO.   Ya tienes ahí visita.
GERTRUD.   Es el señor Bonard, el agente de negocios.
BONARD.   Gertrudis, ¿y la señora duquesa de Cressac,
            se ha levantado?
GERTRUD.   Yo no sé si estará visible.
BONARD.   Id á decirla que esté dispuesta para la cere-
            monia, que la comitiva vendrá aquí á bus-
            carla á las diez para acompañarla á la cate-
            dral, donde debe recibir de manos del señor
            arzobispo la corona ducal.
RENATO.   (Aparte sentado en un banco.) ¡Puede que en el ca-
            mino se encuentre á su esposo que va á reci-
            bir la corona del martirio!
GERTRUD.   Esperad: iré á darle el recado. (Entrase.)
RENATO.   (Levantándose.) Y yo voy tambien á reunir mi
            gente: que va llegando la hora. ¡Veamos, se-
            ñor Darlemont, si se juega con los montañe-
            ses, y si esos dragones son invencibles! (Váse.)
GERTRUD.   (Saliendo.) La señora duquesa os suplica que
            tengais la bondad de subir á su habitacion.
            (Entranse los dos.)

ESCENA V.

CLAUDIO y TURGOT.

CLAUDIO.   ¿Ese hombre es el mismo Renato que me de-
            cias?
TURGOT.   El mismo en cuerpo y alma.
CLAUDIO.   ¿Y cómo te has introducido con él?
TURGOT.   Una casualidad. Ví luz al pasar en cierto bo-
            degon donde acostumbro ir á comer todos los
            dias, con los doblones que me dan por el ofi-
            cio de expiar á los descontentos; aquello me

hizo sospechar, por ser á deshora, que tal vez
habria allí alguna conferencia secreta; llamo,
me abren, pido de cenar... y me encuentro
allí á ese individuo en plática con muchos
paisanos, todos descontentos, á quienes estaba engatusando. Mo ingerí con ellos, y
supe sus planes... lo que tratan de hacer
hoy, en fin, todo, segun se lo he indicado á
vuestro amo, que me ha mandado entender-
me con vos.

CLAUDIO.	Bien; aquí ha de venir él, despues de revistar
á los dragones: yo le enteraré de todo.

TURGOT	¡Recomendadme á él por este nuevo servicio,
que ya veis que es expuesto!

CLAUDIO.	Yo le hablaré... ¿y se entiende que luego par-
tiremos ganancias?

TURGOT.	Convenido. ¡Ah! Escuchad. Yo tengo que
estar aquí con ellos cuando se empiece el mo-
tin, para disimular y que no sospechen...
Cuidado, no sea que los dragones vayan á
confundirme, y me...

CLAUDIO.	No; haz que acometes hácia donde yo esté, y
te haremos prisionero al empezar la jarana.

TURGOT.	¡Eso es!... ¡No os vayais á distraer!

CLAUDIO.	No tengas miedo. (Váse Turgot.)

ESCENA VI.

CAUDIO; luego GERTRUDIS.

CLAUDIO.	Este negocio ya está hecho: vamos ahora á
este otro. (Llama: sale Gertrudis.)

GERTRUD.	¿Qué se os ofrece?

CLAUDIO.	Se me ofrece, niña, que traigo encargo del
caballero Darlemont de presentar sus respe-
tos á la señora duquesa de Cresac, su parienta.

GERTRUD.	Se lo haré presente.

CLAUDIO.	Y suplicarla le dispense el honor de recibir-
le el primero á darla la enhorabuena.

GERTRUD. Se lo diré así que esté sola, (Aparece Darlemont.) porque ahora acaba de encerrarse con el señor Bonard, su agente de negocios, encargándome que no deje entrar á nadie.

ESCENA VII.

DICHOS y DARLEMONT.

DARLEM. Donde nadie entra, mocita, ten entendido que entran las personas de mi calidad, y se les abren las puertas de par en par, tan luego como dicen su nombre. Ya se vé, mi parienta no puede estar enterada de los usos de la nobleza; pero no será malo que entres á prevenírselo.

GERTRUD. Voy caballero. (Aparte.) «¡Las personas de mi calidad!...» ¡Pues no es poco vano! (Entrase.)

ESCENA VIII.

CLAUDIO y DARLEMONT.

DARLEM. Y sobre el negocio en cuestion, ¿has adquirido buenas noticias?

CLAUDIO. Sí, señor. Esta plaza ha de ser efectivamente el campo de batalla.

DARLEM. ¡Por San Pedro, que no ha sido mala la eleccion! Se hará la funcion en presencia de mi noble parienta, cuya hermosura animará á los combatientes.

CLAUDIO. Los montañeses han acudido: aquí se han de ir reuniendo, y al pasar Palmerin para el suplicio, se dará la señal.

DARLEM. Mucho les agradezco á los montañeses el que me eviten el trabajo de ir á cazarlos á las montañas, con cien varas de nieve, viniéndose ellos mismos á caer en mi emboscada.

CLAUDIO. Pero yo no sé si es Dios ó el diablo quien se

ha encargado de protegeros... lo cierto es que todo os sale á medida del deseo.

DARLEM. Sí, ¡excepto los amores de esa ingrata!

CLAUDIO. En lugar de ir á perseguir con los dragones á esos herejes por entre la nieve, á riesgo de sepultaros en ella, se vienen ellos aquí...

DARLEM. Con sanas intenciones...

CLAUDIO. A hacerse matar por salvar un católico...

DARLEM. Que no quiere salvarse.

CLAUDIO. ¡No quiere!

DARLEM. No. Ayer, durante la vista de la causa, yo no sé qué acceso de compasion se apoderó de mí. Hice que le propusieran de mi parte á Palmerin el que se fugara, refugiándose en Italia ó en España, con tal que jurase no volver á poner los piés en el reino de Francia y de Navarra.

CLAUDIO. ¿Y qué respondió?

DARLEM. Que solo el criminal huye: que él no pedia perdon, sino justicia.

CLAUDIO. Es claro. A él le parecerá más novelesco hacer que le salven aquí, á los ojos de su dama.

DARLEM. ¡Oh! Pues si es su esperanza, mal le va á salir la empresa; porque lo que puede sucederle es morir algunos pasos antes del suplicio.

CLAUDIO. (Mirando adentro.) ¡Chist!... ¡Mirad! Ya van viniendo los de las blusas... la fiesta va á comenzar.

DARLEM. Y no quieren estos llegar tarde.

CLAUDIO. Vendrán á hacer prosélitos entre los vendedores de grano que han de acudir á la plaza.

DARLEM. Corre al cuartel de los dragones: díle de mi órden al capitan, que segun las instrucciones que le he dado, salga con la compañía, y la distribuya en los puntos indicados: así que esté hecho, ven á darme parte. (Váse Claudio.)

ESCENA IX.

DARLEMONT, BONARD y MONTAÑESES.

Bonard sale de casa de Luisa. Durante la escena siguiente, varios montañeses van llegando, y colocando en la plaza canastos, sacos de trigo y otras mercancías para el mercado.

DARLEM. (A Bonard.) Señor Bonard, ¿por qué sois tan pesado en vuestras visitas?

BONARD. Perdonad, señor gobernador, traigo encargo de deciros de parte de la señorita, que no le es posible tener el honor de recibiros en este momento.

DARLEM. Desearia oir eso mismo de su boca.

BONARD. Está ahora vistiéndose para ir á la catedral, y hasta que vuelva de la ceremonia, en que ha de recibir la corona de duquesa, no piensa admitir visitas ni felicitaciones de nadie. ¡Ois!... ya sale la comitiva.

ESCENA X.

DICHOS, LUISA, GERTRUDIS y ACOMPAÑAMIENTO.

Empieza música en la iglesia: ábrense las puertas, y se ve la nave principal y el altar mayor en el fondo, todo colgado é iluminado. La comitiva sale de la iglesia: primero dos reyes de armas, luego los diputados de la nobleza con el pendon de las armas de Cressac: luego la congregacion de las Hijas de la Vírgen vestidas de blanco, con su pendon, tambien blanco, con una cruz roja. La comitiva se dirige á casa de Luisa. Esta sale á la puerta vestida de luto, acompañada de Gertrudis: Bonard se pone á su lado.)

LUISA. (Aparte á Bonard.) ¡Ah! ¡Todo esto lo hago por él!... En cuanto salga libre, le declararé mi esposo.

BONARD. (Aparte.) ¡Pobrecilla! (Llega la comitiva á casa de Luisa, al son de la música: Luisa se adelanta y arrodilla ante el pendon de la Vírgen.)

LUISA. Vírgen pura, que amparais al afligido y defendeis al inocente. ¡No me abandoneis!

DARLEM. (Adelantándose á darla la mano.) Noble prima, espero que me concedais la honra de conduciros al altar.

LUISA. Siento mucho verme obligada á negaros lo que me pedís: no necesito apoyo para marchar en la via del Señor. (Colócase debajo del pendon.)

DARLEM. Tú me pagarás este nuevo desaire, ¡orgullosa! (La comitiva se pone en marcha al son de la música que entona un himno.)

CLAUDIO. (Sale y dice á Darlemont.) Ya os esperan.

DARLEM. (Con rabia.) ¡Sí!... ¡Vamos! (Vase con Claudio. La comitiva llega á la iglesia, á cuya puerta sale á esperarla el arzobispo, acompañado del clero: Luisa se adelanta al pié de las gradas: cuatro acólitos colocados delante del arzobispo, la inciensan con los incensarios. La comitiva entra en la iglesia: las puertas se cierran. Durante este espectáculo la plaza ha ido llenándose de montañeses y gente del pueblo.)

ESCENA XI.

RENATO, TURGOT, GILBERTO, BARVILLE y PUEBLO.

RENATO. (A Gilberto y Barville.) Ya está lleno de gente el mercado; vamos á despachar pronto: no hay que regatear en lo que se compre ni en lo que se venda, á fin que se limpie la plaza cuanto antes de gente inútil.

BARVILLE. Aquellos carros que vienen por allí son de gente nuestra.

RENATO. ¿Habrá armas para todos?

GILBERTO. Con el dinero que nos dísteis antes, se han comprado las necesarias: todos los carros de paja estan preñados de armas.

TURGOT. (Acercándose.) ¡Buena noticia! Los dragones van á marchar ahora mismo para las montañas á

perseguiros, pensando que estais allá... acabo de saberlo. (Oyese tocar la bota-silla.) ¿Oís?...

JUAN. Es verdad. Ya están tocando bota-silla para marchar.

GILBERTO. (Llevando aparte á Juan.) Oye.... no te fies de ese Turgot.... le he visto antes en una callejuela hablando con Claudio, el confidente de Darlemont.

JUAN. Se lo diremos á los amigos, y no le quitaremos la vista de encima.

ESCENA XII.

Dichos, GENARO y Leon.

RENATO. ¡Hola! ¡El padre Genaro!

GENARO. ¡Adios, hijos!

TODOS. ¡Buenos dias, padre! (Saludándolo.)

GENARO. ¿Qué es eso?... ¿Venís por grano para el Hospicio?

GENARO. No: he sabido que es dia de mercado, y vengo de paso á dar una vuelta por la plaza, y ver á los amigos de la montaña.

RENATO. ¡Hola, Leon!... Ven acá... ¿ya no conoces á tu amigo Renato?... ¡Vamos aquí!... Cuéntame tus aventuras: ¿qué has hecho de bueno este año?

GENARO. No se ha portado mal: ha salvado á siete viajeros que habian quedado sepultados en la nieve.

RENATO. Y aun no ha concluido el año; ¿no es verdad, Leon?

BARVILLE. Muchos racionales podrian aprender de él. Este no se informa, para salvar á un infeliz, si es católico ó calvinista.

GENARO. Y así debe ser: todos somos hijos de Dios; ¿no es verdad, Leon?

RENATO. ¡Mira como responde! (Oyese sonar una campana.)

GENARO. ¿Qué toque es ese?

RENATO.   (En voz baja.) Si quereis creerme, marcháos de
           aquí, padre.
GENARO.   ¿Pues qué va á suceder?
RENATO.   Mañana os lo diremos en la montaña.
GENARO.   Ea, pues, vámonos, Leon, despídete de los
           amigos.
TODOS.   Hasta la vista, padre.
GENARO.   ¡Dios os eche su bendicion, honrados monta-
           ñeses, y os proteja en todo!
RENATO.   ¡En todo!... ¡Amen! (Váse Genaro con Leon. Desde
           que sonó la campana se observa movimiento en la plaza;
           acércanse unos á otros, y háblanse en secreto.)

ESCENA XIII.

DICHOS, excepto GENARO y Leon.

GILBERTO.   ¡Ya se acerca el momento!
BARVILLE.   Vamos despachando á la gente inútil!
PAISANO.   ¡Eh! ¡Eh!... ¡Yo necesito comprar paja!... ¿A
            cómo va la paja?
JUAN.   (Apartándolo.) Ya no ha quedado paja en el mer-
            cado.
PAISANO.   Pues, ¿y ese carro?
JUAN.   (Echándolo.) Está vendido. (Aparte á Renato.) Que
            asoma un pedazo de espada.
RENATO.   (A Gilberto, que está más cerca.) ¡Escóndela!
PAISANO.   ¡Ya viene el reo!... ¡El reo! (Murmullo general;
            los montañeses se reunen y agrupan alrededor del carro.)
TURGOT.   ¿Si llamará la atencion el vernos aquí re-
            unidos?
JUAN.   Cállate; si tienes miedo no se lo pegues á los
            demás.
RENATO.   ¿Estamos prontos?
GILBERTO.   Cuando avises. ¡Mira! (Enseñando un pedazo de
            daga que lleva bajo la blusa.)
RENATO.   ¡Chit!... ¡Escóndela, que vienen los arqueros!
JUAN.   (Empinándose.) ¿Vienen muchos?
RENATO.   Doce ó catorce no más. (Sale la comitiva: delante

dos trompeteros seguidos del pregonero; cuatro arqueros, dos á cada lado, vienen separando la gente.)

GIBERTO. ¡Mírale, mírale!... ¡Qué lástima!

BARVILLE. ¡Y qué sereno viene!

JUAN. ¿No le han puesto en la tortura?

RENATO. No: gracias á la intercesion del arzobispo. (Aparece Palmerin con la túnica negra, ceñida de un cordel cuyo cabo lleva el verdugo; el confesor va á su lado; los arqueros restantes cierran la marcha.)

ESCENA XIV.

DICHOS, PALMERIN; luego DARLEMONT y CLAUDIO.

GIBERTO. ¿Es la hora?

RENATO. Yo daré la señal: miradme todos. (La comitiva se para, las trompetas hacen la señal: profundo silencio.)

CLAUDIO. ¡Plaza!... ¡Plaza al señor gobernador del Delfinado! (Todos hacen paso con terror. Aparece Darlemont.)

JUAN. ¿Pues no se habia marchado con los dragones?

RENATO. ¡Silencio!

DARLEM. (Al jefe de los arqueros) ¡Alto, en nombre del rey! (Al confesor.) Con vuestro permiso, padre. (Lleva á Palmerin aparte.) Palmerin, tu hora se acerca.

PALMERIN. Lo sé.

DARLEM. ¿Te acuerdas de lo que te se propuso de parte mia ayer en tu calabozo?

PALMERIN. No quise aceptarlo. ¿Qué me quereis?

DARLEM. Salvarte. Yo no quiero que mueras.

PALMERIN ¿Qué interés puede tener en que yo viva el caballero Darlemont?

DARLEM. No es interés en que vivas; no es lástima que me dé tu suerte; es... en fin, el grito de la conciencia...

PALMERIN. ¿Sabeis, pués, que soy inocente?

DARLEM. Lo sé.

PALMERIN. ¿Sabeis, pues, quién es el asesino?

DARLEM.   Un hombre sólo hay en el mundo que lo sabe, y este hombre lo callará.

PALMERIN.   ¡Ah! ¡Ya lo comprendo!... ¡Vos sois el ase-sino!

DARLEM.   ¡Pues bien, sí, yo soy... por una desgracia, por una fatalidad!

PALMERIN.   Os compadezco; porque vais á vivir con los remordimientos de haber vertido la sangre de dos personas inocentes. ¡Ah! ¡No me cam-bio por vos!

DARLEM.   ¡Palmerin!... ¡Yo quiero libertarte!

PALMERIN.   ¡Y que yo viva con el nombre de asesino!

DARLEM.   ¿Pero, y la deshonra del suplicio?

PALMERIN.   La deshonra está en el delito, no en el supli-cio. ¡Yo soy la víctima... el deshonrado sois vos!

DARLEM.   ¡Desgraciado!...¡Tú cuentas con otro auxilio!

PALMERIN.   ¡No cuento más que con el de Dios!

DARLEM.   No te obstines... mira que sé todo lo que se prepara... Aprovecha estos momentos de pie-dad... ¡Si llego á apartarme de tí, no volve-rás á verme sino esparciendo la muerte!

PALMERIN.   Hacedlo. ¡Yo la espero más sereno que vos!

DARLEM.   ¿Es esa tu última resolucion?

PALMERIN.   ¡La última!

DARLEM.   Cúmplase tu destino, (Al pregonero.) ¡Empieza tu oficio! (Vase apresurado. Suenan otra vez las trom-petas.)

RENATO.   (A los suyos.) ¡Preparáos!

EL PREG.   (Lee.) «El alto y poderoso tribunal de la in-tendencia de Grenoble ha sentenciado á En-rique Palmerin, de oficio pintor, convencido de homicidio en la persona de Bardelier, maes-tro platero, á la pena de horca; pasándole por delante de la casa del dicho difunto Bar-delier, ante la cual pedirá perdon de su delito.»

EL CONF.   ¡Arrodilláos, hijo mio!

PALMERIN.   (Se arrodilla.) Me arrodillo para pedir á Dios por el alma de esa víctima. Y me levanto para decir en alta voz á la faz de los hombres: ¡soy inocente!

RENATO.   (En alta voz.) ¡A salvar al inocente!

TODOS.   ¡A salvarlo!

PALMERIN.   ¡Cielos... ¡Qué veo! (Unos se arrojan sobre los arqueros y los desarman: otros se arrojan al carro, y sacan armas de entre la paja.)

RENATO.   ¡No hay que verter sangre! ¡Palmerin es nuestro!... ¡A ponerlo en salvo! (Dirígense con él hácia la izquierda, pero retroceden en tumulto.)

TODOS.   ¡Los dragones! (Una fila de dragones aparece cerrándoles aquel paso. Dirígense al opuesto, y retroceden tambien en tumulto.)

RENATO.   ¡Los dragones!... ¡Tambien por aquí!

TODOS.   ¡Los dragones!

GILBERTO.   ¡La plaza esta cercada! (Otra fila de dragones aparece cerrando el paso de la derecha.)

DARLEM.   ¡Canalla!... ¡Rendid las armas!

RENATO.   ¡Lo veremos! Compañeros... Palmerin en el centro... y vosotros á ellos. (Colocan á Palmerin en el centro, defendido por unos: los demás, divididos en grupos, van á acometer por ambos costados á los dragones.)

PALMERIN.   ¡Deteneos! ¡No se vierta sangre por mí! ¡Dejadme morir!

DARLEM.   ¡A ellos! (Los dragones acometen: los montañeses se replegan al centro.)

PALMERIN.   ¡Ah! Dejadme... yo me entrego... ¡yo me entrego al suplicio! (Al caer los dragones sobre ellos, ábrense las puertas de la iglesia y aparece en lo alto la comitiva, á cuyo frente está Luisa con el manto y corona ducal.)

LUISA.   ¡Qué veo!... ¡Palmerin!... ¡Al suplicio!

DARLEM.   ¡A ellos!... ¡No hay cuartel!

LUISA.   ¡Yo le salvaré! (Baja, agarra á Palmerin y lo sube á la iglesia.) ¡Sagrado!... ¡Sagrado!...

TODOS.   ¡Sagrado!

DARLEM.   (A los dragones.) ¡Dragones, adelante! (Los dragones van acometer. Luisa toma el pendon y grita.)

LUISA.   ¡El reo está en sagrado!... ¡Atrás, sacrílegos!

TODOS.   ¡Atrás! (Los dragones rinden las armas, y caen de rodillas, como todos, quitándose los sombreros. Sólo Luisa está en pié en lo alto de las gradas, cubriendo á Palmerin con el pendon de la Vírgen.—Cae el telon.)

ACTO TERCERO.

Una vista del valle de Aosta. En el fondo sus aldéas, sus verdes pra-
deras, sus manantiales cristalinos y su diadema de hielo, lo cual se
divisa á través de un arco inmenso formado de dos enormes montañas de nieve, cuyos dos picos se unen por un puente rústico formado de troncos ligados. Estos dos picos penden sobre un precipicio sin fondo, y amenazan los senderos que bordean este abismo,
únicos caminos que guian á la plataforma del proscenio. Varias ve-
redas escarpadas van desde esta plataforma al puente.—A la derecha, en primer término, hay una choza de pastores guarecida
entre dos rocas.

ESCENA PRIMERA.

JUAN en traje de pastor vestido de pieles; luego GILBERTO
y BARVILLE.

JUAN. (Hablando con los otros, que se supone estar en lo interior de la choza.) ¡Ea! Quitáos las casacas y todo
lo que huela á soldado: es preciso que no
quede en mi choza la menor prenda que descubra á un desertor.

GILBERTO. (Dentro.) Tomad el fusil... el sable... y la car-
tuchera... me quedo sólo con los cartuchos.
(Le alarga las tres cosas: Juan las toma.)

JUAN. Bien. ¿Y tu compañero?

BARVILLE. Ahí lo tienes. (Le alarga lo mismo.)

JUAN. Venga. Armas y fornituras al precipicio.
(Llégase al precipicio y lo arroja todo.) Ahora ven-
gan las casacas saboyanas... (Las toma y va á
hacer lo mismo con ellas.) seguirán el mismo camino. ¡Eh! Ya estais en traje de pastores,

como yo. Ahora venid acá, y tomad un poco de queso y pan duro... si no quereis aguantar hasta llegar al meson del Vallés. *Bru :alla!*

GILBERTO. (Saliendo en traje de pastor.) ¡Huy! ¡Huy!... ¡Huy! ¡Qué frio!... Mira que para mudarse camisa en estas montañas, será cosa de...

JUAN. Pues si vieras cuando llega la canícula...

GILBERTO. ¿Qué?

JUAN. Entonces no nieva más que cada dos ó tres dias, por no perder la costumbre.

BARVILLE. (Saliendo de pastor.) ¡Ah! ¡Ah!... Vamos con ese queso... (Se pone á comer.) ¿Y cuánto tiempo hace que te has puesto á pastor?

JUAN. Cinco años. Desde que nos escapamos por milagro de las uñas de los dragones, aquel dia que iban á ahorcar al pintor.

BARVILLE. ¡Pobre pintor!... ¡Qué será de él!

JUAN. Puede que se refugiara en el Piamonte... Allí dicen que fué tambien á parar la señorita Luisa, víctima de la persecucion de los fanáticos, que fué despues más encarnizada que nunca.

GILBERTO. ¡Mejor lo pasará allí que aquí! Esta soledad es capaz de quitarle á uno la vida... ¡Qué tristeza!

JUAN. Para mí no hay tristeza aquí. Mi padre fué pastor en estas montañas; en ellas me he criado yo. Aquí guardo las cabras... bajo con ellas á la aldea cuando viene el invierno, y vuelvo á guiarlas á mi choza en cuanto asoma la primavera. Yo preferí esta vida á ir á alistarme, como hicísteis vosotros, en las banderas del duque de Saboya. Porque yo dije una cosa... Señor, cuando un rey quiere meter miedo á otro país vecino, admite y paga buenos sueldos á los súbditos que se le pasan de aquel país; pero luego las cosas cambian: los reyes hacen las paces, y los pobres pasados son los que quedan mal.

Renato ha sido de la misma opinion que yo...
así es que antes que volver á tomar el mosquete, se ha hecho guía del monte de San
Bernardo.

GILBERTO. Habeis hecho bien: así estais libres de fana-
tismo y de tiranía.

BARVILLE. Y en el caso de favorecer á vuestros antiguos
compañeros.

GILBERTO. ¡Si vieras que desercion ha habido en el ejér-
cito Saboyano!... Todos los refugiados fran-
ceses hemos desaparecido. ¡Figúrate que de
la noche á la mañana sabemos que ese pícaro
de Darlemont habia llegado con una mision
secreta de la corte de Versalles, cerca del
duque de Saboya!

BARVILLE. ¡Toma!... Y aquella noche misma desertamos
todos.

GILBERTO. ¡Y con vestuario y armas! Esto le dió pre-
texto al duque de Saboya para autorizar á
Darlemont á que persiga á los desertores por
estas montañas.

BARVILLE. ¡Y el infame lo hace á las mil maravillas!
¡Unas batidas nos está dando con los dragones de su escolta, que no nos deja respirar!

JUAN. (Distraido.) ¡Silencio!... ¡Otra cosa me llama
más la atencion en este momento que los
dragones!... Mira, Gilberto, toma... y tú
Barville la canasta... y vámonos con las cabras... ¡Y cuidado con resbalarse!

GILBERTO. ¿Pues qué hay? (Tomando lo que le ha dicho.)

JUAN. ¿Qué hay?... Mira... ¿ves aquella nubecita
blanca allá lejos?... He oido antes cierto zum-
bido misterioso en la montaña, que nosotros
los prácticos no aguardamos nunca á oirlo
repetir, porque suele costar caro. Conque
vamos, vamos. (Echan los tres á andar por el camino que bordea al precipicio.)

GILBERTO. (Deteniéndose.) ¡Eh!... ¡Los dragones!... Allí los
veo esperando...

4

JUAN.	¿Y qué nos importa á los pastores?... Anda!
BARVILLE	Tiene razon, vamos.
JUAN.	¡Ya empieza el huracan!... ¡Calla! ¡Claudio el Bohemio está con ellos!... ¡Esto si que es ......!¡Cuidado!... ¡Disimulo! (Empieza á silvar el viento.)

ESCENA II.

DICHOS, CLAUDIO, UN GUÍA y DRAGONES; vienen del valle por el borde del precipicio.

CLAUDIO.	(Al guía.) ¿A qué distancia estamos del hospicio?
GUÍA.	A más de hora y media, y de mal camino.
CLAUDIO.	¡Diablo!
JUAN.	¡Y el tiempo está amenazando!...
CLAUDIO.	(Deteniéndose.) ¡Como!... ¿Tú crees, pastor, que amenaza efectivamente?
JUAN.	¡No os fieis!
CLADIO.	¿Dime, y qué distancia hay de aquí á la última aldea que hemos pasado?
JUAN.	Doble que al hospicio.
CLAUDIO.	(A los dragones.) Si el coronel no me estuviera esperando, seguiria con vosotros á buscar los desertores por las montañas... pero esos tres pastores sabrán mejor los escondites, y os los enseñarán.
JUAN.	(Aparte) ¡Estás fresco! Nosotros no podemos dejar solas las cabras. Andais persiguiendo á los desertores, ¿eh? ¿Y habeis cogido muchos?
CLAUDIO.	¡Ni uno! Yo creo que el diablo los esconde.
JUAN.	Ayer por esos desfiladeros... á la mano derecha, ví yo dos que andaban sin saber donde meterse.
CLAUDIO.	(A los dragones.) ¿Si?... Pues tomad por ese sendero.
JUAN.	Sí, por ahí... y cuidado con resbalarse, que

hay muchos precipicios. (Vánse los dragones por la senda que les indica.)

RENATO. (Dentro.) ¡Pié á tierra os digo!

CLAUDIO. ¿Qué gente es esa?... ¡Se me figura que yo conozco esa voz!

ESCENA III.

DICHOS y RENATO, en traje de guia, con barba, y sosteniendo á Bonard, sale por donde salió Claudio.

RENATO. ¡Vamos!...¡Animo!... ¡Paso vivo y menudo!... ¡No hay nada mejor para hacer que circule la sangre!

BONARD. ¡Con tal que lleguemos hoy!... Ya me he detenido tres dias.

RENATO. Puede que os hubiera ido mejor deteniéndoos cuatro.

BONARD. ¡No me era posible! (Aparte.) ¡Quiera Dios que la halle cuanto antes! ¡Pobre Luisa!

CLAUDIO. (Aparte.) No hay duda, yo conozco á este hombre. Dime, guia; ¿Crees tú que amenaza algun temporal?

RENATO. ¡Hola!... Qué, ¿hay aquí compañía?

JUAN. (Aparte á Renato.) Somos nosotros.

RENATO. ¿Y qué haceis aquí todavía?... Marchad, mirad que dentro de poco se van á cerrar los senderos.

JUAN. Nosotros ya los conocemos.

RENATO. Pero es que la nieve los va á cubrir; si no hubiera sido por los ruegos de este señor viajero, no salgo yo hoy de mi choza.

JUAN. ¡Pues, ea!... Adios.

RENATO. La Vírgen os acompañe. (Juan, Gilberto y Barville desaparecen por un lado.)

ESCENA IV.

RENATO, CLAUDIO, BONAR y EL GUÍA.

CLAUDIO. Pero en suma, ¿hay algo que temer?

RENATO. ¿No veis aquella nube que va bajando?... pues no tarda en escupirnos nieve á la cara. ¡Qué tal! Ya viene delante el huracan. (Empieza á silvar el viento.) ¡A tierra todos!

CLAUDIO. ¿Cómo á tierra?

RENATO. (Haciendo echar á Bonard y al guía.) ¡A tierra digo, y sino ya veréis! (Quédase de pié Claudio; silva más fuerte el huracan, le hace vacilar y se le lleva el sombrero.)

CLAUDIO. ¡Ay!... ¡Ay!... ¡Mi sombrero!

RENATO ¿Qué os dije yo?.

CLAUDIO. ¡Mi sombrero!... (Quiere ir tras él y cae.)

RENATO. ¡Sí, sí! .. Antes de dos minutos habrá llegado al Piamonte. ¡Buen viaje! (Levantándose.) Ya pasó la ráfaga.

BONARD. (Levantándose.) ¡Allá quisiera yo llegar tan pronto como él!

RENATO. ¿Y por el mismo camino?

BONARD. ¡Si supiérais con cuánta ansia me espera allí una desgraciada!...

RENATO. ¡Pues ea!... continuemos el camino.

CLAUDIO. Y nosotros tambien. (A su guia.)

GUÍA. Vamos.

CLAUDIO. (Deteniéndose á la bajada.) ¡Calla!... ¡Calla!... ¿Qué es aquello que se mueve?... ¡Algun animalejo que se revuelca en la nieve!...

RENATO. ¿Dónde?

CLAUDIO. Allá.... allá abajo.... junto al precipicio....

RENATO. Será algun oso....

CLAUDIO. (Preparando la carabina.) ¡A ver si le acierto!...

RENATO. (Conteniéndolo) ¡Demonio!... ¿Qué vais á hacer?... ¿No habeis oido de cuándo en cuándo el crujido de las montañas?... ¡El viento ha remo-

vido la nieve, y la sola detonacion de un tiro
haria que se desprendiesen montes de nieve,
que nos sepultarian á todos!

ENRIQUE. (Dentro con sollozos.) ¡Socorro!... ¡Socorro!...
BONARD. ¡Es una persona humana!...
RENATO. ¡Buena la íbais á hacer!
BONARD. ¡Cielos!... ¡Es un niño, que se arrastra entre
la nieve!...
ENRIQUE. (Dentro.) ¡Socorro!... ¡Socorro!...
RENATO. (Bajando y alargando el baston herrado.) ¡Por aquí,
niño!... ¡Por aquí, niño!... ¡Por aquí!... ¡Por
ahí te vas á sumergir!... Agárrate á la con-
tera del baston....
BONARD. (Bajando y ayudándole.) Apenas puede.... ¡está
medio helado!...

ESCENA V.

DICHOS y ENRIQUE.

ENRIQUE. ¡Venid, amigo, venid á buscar á mamá!...
CLAUDIO. Está endemoniada tu madre para arrojarse
con un chiquillo por esos senderos.
RENATO. (Que ha ido á mirar.) ¡Allí la veo...: caida junto
al precipicio!... Aguárdame aquí.... (Bajando.)
ENRIQUE. Yo os enseñaré....
RENATO. No, no.... quédate.... (Baja.)
BONARD. ¡Ven, niño, ven!... No vayas á sumergirte....
CLAUDIO. ¡Y hay diablos que pasen la vida en esta ago-
nía contínua!...
RENATO. (Dentro.) ¡Ya la llevo!... Aparece sosteniendo á Lui-
sa que apenas puede dar un paso; trae echado el velo.)

ESCENA VI.

DICHOS y LUISA.

ENRIQUE. (Corre á Renato y le besa las manos.) ¡Muchas gracias, amigo!... (Ayudando á su madre.) ¡Ay, mamá mia!... ¡Ya estás aquí!...

RENATO.	(Sentándola y levantándola el velo.) ¡Gran Dios!
BONARD.	(Aparte.) ¡Ella es!
CLAUDIO.	(Aparte.) ¡Luisa!...
RENATO.	(Que ha echado una mirada á Claudio.) ¡El bribon la ha conocido!
BONARD.	¡Señora!... ¡Cómo os habeis expuesto!... Dios mio... ¡Se desmaya!...
RENATO.	(Aparte á Bonard.) ¡Silencio!... No hay que fiarse de ese. Le daremos algo que la reanime.... Venga ese frasco. (Toma el frasco de Bonard y le da unas gotas.)
CLAUDIO.	(Aparte.) ¡Bien decia yo!... ¡Este hombre no me es desconocido!... ¡Ya recuerdo.... es Renato! ¡Ha caido en mis manos! Está desfallecida y no podrá continuar. Mientras vosotros la reanimais, yo voy al hospicio con el guía, y os le enviaré con una mula.
RENATO.	¡Buena idea! (Aparte.) ¡Algo medita este infame!... No importa, siempre es mejor echarlo de aquí.
CLAUDIO.	(Al guía.) Ea, mozo, vamos andando. Hasta luego.
RENATO.	Si Dios quiere. (Aparte.) Hasta nunca, si Dios me ayuda.
BONARD.	¡Ya vuelve en sí!
ENRIQUE.	¡Mamá!
CLAUDIO.	(Despues de alejarse, dice al guía en lo alto de la montaña.) ¡Alto! Si avisas á los dragones y los conduces aquí dentro de media hora, tienes veinticinco luises: toma ahora la mitad.
EL GUÍA.	Los traeré sin falta.
CLAUDIO.	Aquí estaré yo tambien. (El guía pasa el puente. Claudio desaparece por otro lado.)

ESCENA VII.

RENATO, BONARD, LUISA y ENRIQUE.

LUISA.	(Abrazando á Enrique) ¡Hijo mio!... Aquí estás!.. abrázame, ¡Enrique mio! (A Renato.) A no ser por vos, ¿qué hubiera sido de nosotros?... ¡Dios

os recompense, amigo mio!... (Alargando la mano.) ¡Yo no tengo nada con qué hacerlo!

BONARD. De eso hablaremos despues. Aun le hemos
de deber otros servicios. Pero esta no es ocasion de cumplimientos.

RENATO. Es ocasion de marchar, y pronto: creedme y
no nos detengamos aquí.

ENRIQUE. ¡Vámonos, mamá!...

LUISA. ¡Hijo mio, no puedo moverme!...

RENATO. ¡Otro traguito del frasco!...

LUISA. ¡Es inútil!... ¡No tengo fuerzas!

ENRIQUE. Te llevaremos entre los tres.

RENATO. ¡Imposible!... Por esos senderos no se puede
ir sino de uno en uno... ¡Qué remedio!...
Aguardemos un poco á ver si cobra fuerzas.

LUISA. ¿Me traeis noticias tales, Bonard, que me las
puedan volver? (Renato se separa al oir esto.)

BONARD. (A Renato.) ¿Dónde vais?... ¿Tenemos nosotros
acaso secreto para nuestro amigo Renato?

LUISA. (Mirándo.) ¡Renato!... ¡Ah!,.. ¡Cielos!... ¡Es verdad!.. ¡Renato!... ¡Vos aquí!... Decidme...
decidme, ¿qué es de vuestro amigo?... ¿Dónde
está?... ¡Cinco años hace que le estoy buscando!

RENATO. ¡Señora!... Ya le hallarémos.. ¡Dios lo querr-
rá!... ¡Desde aquel dia fatal, nos separamos...
y no he sabido de él! Pero serenáos... le ha-
llaremos...

BONARD. Y en fin, yo os traigo nuevas que os impo-
nen la obligacion de conservaros para vuestro hijo. El venerable Flechier, nuestro digno
arzobispo, ha obtenido del rey vuestro indulto,
con tal que os convirtais á la religion católica.

LUISA. Es la religion de mi esposo... estoy pronta.

BONARD. Esa conversion os abre las puertas de la Francia y os vuelve la herencia de vuestro padre,
cuyos documentos deben estar, segun la carta que escribió al arzobispo, en las papeles del
difunto Bardelier.

LUISA.   (Abrazando á Enrique.) ¡Y tu padre, hijo mio, tu padre!... ¡No vendrá á disfrutar á nuestro lado esa felicidad!... ¿Nadie sabe qué es de él?... ¡Habrá muerto!...

RENATO.   ¡Señora!... ¡Qué pensamientos!... (Los dragones aparecen á lo lejos conducidos por el guía, y vuelven á esconderse en las revueltas de las montañas.—Óyese un pito lejano.)

BONARD.   ¿Qué es eso?

RENATO.   El pito de Juan... Es un aviso... (Vuelve á sonar el pito más cerca.) Sí... es Juan... ¿qué traerá?...

ESCENA VIII.

DICHOS y JUAN.

JUAN.   (Sale por un sendero desconocido y jadeando.) ¡Eh!... huid!

RENATO.   ¿Por qué?... ¿Qué hay, Juan?...

JUAN.   ¡Los dragones os vienen persiguiendo!

RENATO.   ¿Cómo?...

BONARD.   ¿Por qué?

LUISA.   ¿Por dónde?

JUAN.   Temerosos del huracan que empezaba, se metieron en el meson, donde estaba yo tomando un trago. A poco se presenta el guía que llevaba ese infame bohemio...

RENATO.   ¿Claudio?

JUAN.   Ese mismo: y les dice de su parte que en el momento echen á andar, porque hacen falta cerca de aquí.

RENATO.   ¡No será por nosotros!

JUAN.   ¡Harto será que no! A la puerta se pusieron á hablar... yo me acerqué con disimulo...

BONARD.   ¿Y qué?...

JUAN.   ¡No pude oir nada! Entonces, dejé los amigos bebiendo, y buscando desfiladeros y precipicios, y arrastrándome como una culebra, me dirigí hácia aquí... y acabo de divisar á

los dragones ya muy cerca... y por el lado
opuesto al maldito bohemio...

RENATO. ¡Maldito!...

JUAN. Que viene acompañado de otro... que no he
podido conocer... y le señalaba con la mano
este sitio... Entonces he trepado por ese der-
rumbadero... y me he puesto como veis...
(Tiene el traje desgarrado.) ¡Ya estais avisados!...
Si hago falta, aquí me teneis.

RENATO. ¡Ea! ¡Resolucion! Tú, Juan, vas á guiar al
señor Bonard al hospicio, y á volver con una
mula para llevar á la señora. Presto.

JUAN. ¡Vamos!

BONARD. ¡Y la dejamos aquí expuesta!...

RENATO. ¡Quedo yo con ella!... Yo me entiendo... y
lo que es por el puente no pasarán ellos.
¡Ea!... ¡marchad, Marchad!... (Los hace marchar.)
La señora y el niño, en la choza... (Quítase la an-
guarina.) se arroparán con esto... (A Luisa.) Venid; venid á la choza... tened al niño en la
falda y arropadlo bien...

LUISA. ¿Y vos?

RENATO. ¿Yo?... ¡Yo no tengo frio! (Entranse en la choza.)

ESCENA IX.

DICHOS, DARLEMONT y CLAUDIO por un lado, los dragones por otro.

CLAUDIO. ¡Por aquí, señor, por aquí!...

DARLEM. (Andando con trabajo.) ¿Y quién diablos camina
por aquí?... ¡Esto no pertenece al mundo!...
¡Cada paso es un precipicio!...

CLAUDIO. Haced un esfuerzo... no sea que se nos vayan...

DARLEM. ¡No puede uno guardar aquí el equilibrio!...

CLAUDIO. Ya llegamos. (Aparecen los dragones en lo alto.)

RENATO. ¡Ya suben!... ¡Ahora voy yo por el sendero
de las cabras, y veremos si pasan! (Desaparece.)

CLAUDIO. ¡Adelante, coronel!... Un pasito... ¡Eso es!...

DARLEM.   (Llegando.) ¡Ya veo allí los dragones! . Llegan
           á tiempo. ¿Es aquí donde dices que está esa
           gente?

CLAUDIO.   Sí, señor, aquí quedaron. El tunante de Re-
           nato; aquel de Grenoble, amigo del pintor.

DARLEM.   ¡Hola!

CLAUDIO.   Y la señorita Luisa, que no tenia fuerzas
           para seguir, y aun debemos hallarlos...

RENATO.   (Apareciendo en lo alto.) ¡El pájaro ya voló!...

DARLEMONT y CLAUDIO. (Mirando.) ¡Quién es!...

RENATO.   ¡Alto señores! Aquí no están los que bus-
           cais... aquí no hay nadie más que yo... y lo
           que es á mí no me pillais.

CLAUDIO.   ¡Es Renato!

DARLEM.   (A los dragones que se han detenido.) ¡Adelante dra-
           gones! ¡Traedme á ese hombre muerto ó
           vivo! (Los dragones llegan por la roca á la boca del
           puente.)

RENATO.   (Dando con el hacha en el puente.) ¡No os tomeis
           ese trabajo, camaradas!... ¡Por aquí no pa-
           sais!...

DARLEM.   ¡Baladronadas! ¡Dragones, á él!

RENATO.   ¡Cuidado!... Que he cortado las ligaduras del
           puente, y el que ponga en él los piés, se hun-
           de á los infiernos! ¡No podeis pasar!

DARLEM   Pues si no podeis pasar, pasarán las balas...
           Dragones, ¡preparen!...

CLAUDIO.   ¡No!... ¡No por Dios!

RENATO.   ¡Os prevengo que la menor detonacion hará
           desgajarse estas montañas, y os sepultais
           con ellas!

DARLEM.   ¡Eh! ¡No nos metes miedo, truhan! Drago-
           nes...

CLAUDIO.   ¡Callad, señor!... ¡Lo que dice es cierto!...
           (Subiendo por la vereda adonde están los dragones.) ¡No
           hagais fuego, dragones!... (Poniéndose de rodi-
           llas.) ¡Por Dios, señor!... ¡No lo mandeis!...

DARLEM.   ¡Eh! ¡Cobarde!...

CLAUDIO.   ¡No lo mandeis!...

DARLEM. Dragones, ¡fuego! (Los dragones hacen fuego á Renato: este lo evita echándose al suelo.—Al sonar el fuego, óyese un crujido espantoso; la montaña de nieve sobre que están los dragones se desgaja y rueda con ellos al precipicio que hay debajo.—Otro promontorio de nieve rueda por la senda donde está Claudio de rodillas y lo sepulta.—Otro cae sobre la choza, la arruina y va á hundirse en el abismo: el techo cae sobre Luisa y Enrique. El puente, desprendido de un extremo, queda colgando en el aire.—Darlemont está tambien envuelto entre la nieve. Solo Renato, de pié, sobrevive á este espectáculo de destruccion.)

RENATO. (Mirando alrededor.) ¡No hay ya senda por donde volver!... ¡Iré al hospicio!... ¡Dios me guiará!... ¡Sólo los perros podrán penetrar en busca de esa infeliz y del pobre niño! (Desaparece.— Despues de una pausa se alza poco á poco de entre la nieve Darlemont, desgreñado y pálido.)

DARLEM. ¡Dónde estoy!... ¿Existo ó no existo?... (Mirando alrededor.) ¡Todos han perecido!... ¡Se ha trastornado el mundo!...

LUISA. (Escondida bajo el techo de la choza.) ¡Dios mio!... ¡Salva á mi hijo!...

DARLEM. ¡Una voz humana... un ser que se ha salvado como yo! ¡Dios me ha dejado la vida para que salve la suya!... (Acércase á la choza.) ¡Una mujer!.. ¡Un niño!... ¡Infelices criaturas!... (Ayúdalos á salir.) Venid, venid conmigo, no hay que desanimarse; yo os cuidaré, miéntras llegan los religiosos de San Bernardo y los perros que nos han de sacar de aquí.

LUISA. ¡A mi hijo!... ¡Socorred á mi hijo!...

DARLEM. (Mirándola.) ¡Cielos!... ¡Qué veo!... ¡Luisa!...

LUISA. (Examinando á Enrique.) ¡Ah!... ¡Yo os doy gracias, Dios mio!... ¡Vive... vive!...

DARLEM. ¡Señora!... Mirad, mirad á quién debeis la vida... Soy vuestro pariente... soy Darlemont.

LUISA. ¡Darlemont!

DARLEM. Sí: en presencia de este horrible trastorno de

la naturaleza, los odios deben extinguirse. El destino nos reune aquí para que no volvamos á separarnos... ¡Para que sea yo quien tenga la dicha de salvaros!

LUISA. ¡Vos!... ¡Vos que me habeis privado de todo apoyo en la tierra! ¡Ah! ¡Volvedme lo que amo más que la vida!... ¡Volvedme el esposo que busco hace cinco años!... ¡Volvedme el padre de mi hijo!...

DARLEM. ¡Qué decis!... ¡Su padre!. . ¡Vuestro esposo!..

LUISA. ¡Sí! El que yo salvé de vuestra venganza; haciéndole tomar sagrado en la catedral de Grenoble... y vos arrancásteis de allí secretamente, de noche, para asesinarlo sin duda.

DARLEM. ¡No! ¡Juro por el Dios que nos oye, que no he derramado su sangre! Lo arranqué de allí... pero fué sólo para hacerle salir de Francia, y quitar ese obstáculo á mi amor... ¡Ah! ¡Yo no sabia que era vuestro esposo... y esa ignorancia me ha evitado sin duda otro crímen!

LUISA. ¡Pues bien!... ¡Todo os lo perdono, todo... con tal que me digais dónde está!

DARLEM. ¿Dónde está?... ¡Ya no existe!

LUISA. ¡Ha muerto!...

DARLEM. Le hice embarcar para trasportarle á Italia, y la embarcacion se fué á pique al divisar las costas... ¡Todos perecieron!

LUISA. ¡Ha muerto!... ¡Léjos de mi!.... Sin conocer á su hijo... (Abrazando á Enrique) ¡pobre hijo mio!... ¡No nos queda más recurso que seguirle!...

DARLEM. ¡Qué decis!... ¡Vuestro deber es conservar ese niño para la brillante suerte que le aguarda!... Ya veis que no hemos perecido en medio de este terremoto horrendo.... nuestra hora no ha llegado. Dios no nos llama todavia á la eternidad. Escuchad: el arzobispo de Grenoble ha conseguido del rey vuestro indulto, y se trata de buscar los papeles que acreditan vuestro nacimiento, y que se cree están entre los del difunto Bardelier. Pero estos papeles, Luisa, los tengo yo.

LUISA. ¡Vos!

DARLEM. Yo. Olvidad, pues, á ese esposo que ya no existe. Yo os daré vuestros títulos, vuestra clase, vuestros bienes... si consentís en darme la mano.

LUISA. ¡Yo!... ¡Yo dar la mano al hombre que más odio me inspira sobre la tierra!

DARLEM. ¡Luisa!... ¡Luisa!... ¡Veis el sitio en que estamos!... ¡Me conoceis!... ¡Y me tratais con ese desprecio!... ¡Reflexionad, Luisa!... ¡Vuestro hijo está en mis manos!... ¡Vos lo estais tambien! Muertos ambos, yo soy el legítimo heredero, sin más que presentar estos títulos.

LUISA. ¡Oh! ¡Dios mio! ¡De todo le creo capaz!

DARLEM. Aquí los tengo.

LUISA. ¡Mentís... mentís... no los teneis!

DARLEM. ¡Los tengo hace cinco años!

LUISA. ¡Por medio de alguna infamia!

DARLEM. Sea como fuere, los tengo. Elegid; ó son para los dos, ó para mí solo. Reflexionad bien. ¡Confieso que me repugna apelar á la muerte de un niño indefenso... de una mujer que amo todavía!

LUISA. ¡Oh! ¡Qué horrible designio!...

DARLEM. ¡Pero la ambicion me ciega! .. ¡Temblad!... ¡Estamos en un desierto... estamos fuera del mundo!... Nadie me pedirá cuenta de vuestra existencia. Y yo me presentaré con estos papeles, (Los saca del seno.) y pediré al rey la herencia de los duques de Cressac.

LUISA. ¡Ah! ¡Los tiene... los tiene!... ¡La herencia de mi hijo!...

DARLEM. ¡Cinco años hace que no se apartan de mí, ni aun durmiendo! ¡Miradlos!...

LUISA. ¡Oh! ¡Padre mio!... ¡Ese apellido puro, glorioso, sin mancha!...

DARLEM. ¡Miradlos!...

LUISA.   ¡Ha de pasar á ese mónstruo!...

DARLEM.   Partidlo conmigo... y viviremos separados,
            si quereis... y adopto ese niño... y le lego la
            herencia: todo lo lograis... vuestro hijo será
            duque de Cressac.

LUISA.   ¡Ah! ¡Padre mio!... ¡No deshonraré yo tu
            nombre!... (Con delirio.)

DARLEM.   ¡Luisa!...

LUISA.   ¡Jamás!... ¡Jamás!... Yo desheredo á mi
            hijo... pero te deshered o á tí tambien.

DARLEM.   ¡Qué decís!...

LUISA.   ¡Y salvo la honra de mi familia!...

DARLEM.   ¡Desgraciada!

LUISA.   (Le arranca los papeles con rapidez y los arroja al preci-
            pisio.) Y esos títulos en que están tus viles es-
            peranzas, los arrojo al abismo.

DARLEM.   ¡Infierno! (Da un paso hácia el precipicio, halla en el
            camino á Enrique y lo echa al abismo.) ¡Vaya el he-
            redero con ellos!

LUISA.   (Da un grito y cae desmayada.) ¡Ah!

DARLEM.   Quédate ahí... y perece sepultada en la nie-
            ve. ¡Valor!... ¡Qué es la vida, si pierdo mis
            esperanzas... mis sueños de felicidad!... Yo
            bajaré á ese abismo... hallaré esos papeles ó
            pereceré. (Ase de un tronco y baja ciego al precipicio.)

ESCENA X.

LUISA desmayada, RENATO, GENARO y Leon.

RENATO.   (Despues de una pausa, óyese una campanilla: aparecen
            en lo alto Renato, Genaro y Leon.) ¡Por aquí!...

GENARO.   ¡Una mujer tendida en la nieve!...

RENATO.   ¡Ella es!...

GENARO.   ¡Leon!... (Leon baja, llega á Luisa y la lame: ella me-
            dio recobrada se abraza á Leon el cual empieza á lle-
            varla.)

GENARO.   (Désde la montaña.) ¡Anda Leon!...

RENATO.   (Id.) ¡Valor!... ¡Leon!... (Cae el telon.)

ACTO CUARTO.

El teatro representa el centro de un precipicio, tan distante de la boca como del fondo: una especie de embudo compuesto de rocas negruzcas y quebradas, en parte salientes formando plataformas cubiertas de nieve, en parte socabadas con charcos fangosos, salpicadas de trecho en trecho de musgo, matas y troncos medio podridos: en el fondo la piedra es viva y alisada por un torrente de agua que baja precipitado á perderse en un abismo tan hondo, que no se oye la caida.—A la derecha un tronco seco se extiende horizontalmente, y debajo de él se ve una plataforma formada de un peñasco saliente.—Al levantarse el telon, Enrique se agita en el aire, detenido en su caida, por haber quedado enganchado del vestido á este tronco.

ESCENA PRIMERA.

ENRIQUE.

ENRIQUE. ¡Mamá!... (Se mueve y extiende los brazos buscando dónde asirse.) ¡Mamá mia!... ¡Respóndeme! (Con tono suplicante.) ¡Por Dios, mamá!... ¿No me oyes?... ¡Responde á tu Enrique! (Redoblando sus esfuerzos.) ¡Mamá!... (Rásgasele el vestido, y cae ... ¡Ay! ¡Ay!... ¡Que me caigo!... Dios mio! (Tentando alrededor con manos y piés.) ¡Mamá!... (Caen encima de él copos de nieve.) ¡Me está lloviendo encima!... (Oyese el ruido sordo y prolongado de piedras que ruedan de cuando ... al fondo.) ¡Ay, Dios mio!... ¡Qué miedo tengo!... ¡Qué ruido!... (Grita con toda su fuerza.) ¡Mamá! ¡Mamá!... (El eco repite sus palabras.) ¡Ay!... ¡Qué miedo!... ¡Qué frio!... .... (Su voz se pierde entre sollozos, y queda in-

móvil. Sólo se oye el ruido del torrente y de las piedras y fragmentos que se desprenden. Al fin se percibe
el sonido confuso de una voz lejana que suena muy
arriba. A poco se va acercando y se percibe más clara:
las rocas empiezan á bañarse de un resplandor rojizo y
trémulo.)

DARLEM. (En la parte alta.) ¡Socorro!... ¡Pastores!... ¡Caminantes!... ¡Una cuerda!... (Se ve asomar por
arriba la punta de un baston que viene á apoyarse en una
de las partes salientes.) ¡No hallo una roca donde
descansar!... ¡Y las fuerzas me abandonan!...
¡Este precipicio no tiene fondo!... (Poco á poco
se descubre á Darlemont con una tea en la mano, bajando sin aliento.)

ESCENA II.

ENRIQUE tendido y DARLEMONT.

DARLEM. ¡Ahí!...¡El arrepentimiento!... ¡Qué tardío arrepentimiento! ¡El infierno me ha cegado y me
ha hecho bajar en mi despecho á este abismo
horrible, á buscar esos papeles que van á ser
mi muerte y mi condenacion! ¡Qué ruido tan
espantoso!... Yo he bajado sin cesar mientras
el delirio de la ambicion ha estado abrasando
mi cabeza... Pero cuando el precipicio empieza
á ser más pendiente... vuelvo en mí... y ya no
veo la boca ni la luz.,. ¡Ni se oyen mis voces!...
¡Ah! Si pasase algun guía... algun pastor...
(Llamando.) ¡Pastores!... ¡La voz se pierde en
esta inmensidad!... ¡Ah! Este ha sido el cielo... ¡Ha sido Dios que ha querido que yo
mismo me castigue viniendo por mi voluntad á enterrarme con mi víctima!... ¡Ah! He
sido un bárbaro!... ¡A un niño inocente!...
¡Dichoso él, que ya no existirá!... Se habrá
hecho pedazos contra estas rocas... Si trope-
zara yo aquí con su cadáver mutilado...

¡Qué horror! (Llamando.) ¡Pastores!... ¡Guías! (Una gran pella de nieve baja rodando con estrépito, da sobre Darlemont y le empuja, dejándole caer sobre una peña saliente que hay á la izquierda; la pella se rompe en varios fragmentos, que ruedan al fondo; la tea se escapa de manos de Darlemont, y cae, quedando detenida abajo y ardiendo entre los peñascos. Darlemont cae sin sentido. Despues de un rato se va levantando.) ¿Qué me pasa?... ¿Dónde me hallo?... ¿He bajado al centro de la tierra?... ¿Se ha abierto el infierno para tragarme?... ¿Estoy vivo?... (Tentándolo todo.) ¡Sí!... ¡Aun dura mi existencia!... ¡Conozco que vivo, en el dolor que siento en todos los miembros!... Vivo estoy... ¡si es que esto se llama vivir! (Poniéndose en pié y mirando alrededor.) ¡Dios mio!... ¡Estoy sentenciado á morir aquí lentamente de hambre, de frio y de desesperacion!... ¡Ah! Morir aquí, solo, sin auxilio... separado de los vivientes... en el fango como un reptil inmundo... ¡Horrible destino! (Arrodillándose y juntando las manos.) ¡No me dejeis aquí, Dios de los cielos!... ¡No permitais que acabe aquí mi vida!... ¡Tan lejos estoy de vos, Señor, que no oís mis ruegos!... ¡No! Para vos, Dios mio, no hay distancias, no hay tiempos!... ¡Yo os pido perdon, Señor del mundo!... Yo me confieso á vos de haber sido feroz y fanático, de haber perseguido al inocente... ¡Sí: yo he robado, yo he asesinado en seguida para ocultar el robo... yo he arrancado un tierno niño de los brazos de su madre, y lo he arrojado bárbaramente al abismo!...

ENRIQUE. (Con voz desmayada.) ¡Mamá! ¡Mamá!

DARLEM. (Asombrado.) ¡Es ilusion!... Esa voz desmayada... Ese acento... ¡Ah! No... ¡Es mi conciencia, es la voz que suena perpétuamente en mis oidos!... (Con calor.) ¡Ah, Señor!... Si me salváis de aquí, vereis mi arrepentimiento...

5

Yo romperé mi espada, y me descalzaré la espuela de caballero... raparé mi cabeza, y me encerraré en un cláustro, donde viva en austera penitencia!... ¡Un milagro, Señor... Un milagro para confundir á los impíos que blasfleman de vuestro poder!... (Tropieza en los papeles que arrojo Luisa.) ¡Ah!... (Los toma.) ¡Qué veo! (Con amargura.) ¡Es esta tu misericordia, Señor!... ¡No te basta el castigo que me has impuesto, sin añadir á tu justa venganza esta amarga burla... este horrible sarcasmo!... ¡Me vuelves los títulos, cuando me robas la luz, la tierra, la vida!... ¡Títulos de nobleza á un miserable enterrado en vida!... ¡Ah! Demasiada crueldad es esta. ¡Dios severo!... ¡Véngate de una vez, Señor, de este móns- truo, pero no le atormentes más!... El rayo está en tu mano... hé aquí mi cabeza... ¡Hiere! (Despues de una pausa.) ¡Ni la muerte merezco!... ¡Y no tengo la espada para aca- bar conmigo!... ¡No importa!... Yo no quiero aguardar la muerte espantosa y lenta que me amenaza... ¡Recíbeme en tu seno, abismo! (Va á precipitarse.)

ENRIQUE.   (Incorporándose.) ¡Mamá! ¡Mamá!...

DARLEM.   (Deteniéndose asombrado.) ¡Otra vez!... ¡Esto no es ya ilusion!...

ENRIQUE.   ¡Ay qué frio!...

DARLEM.   ¡Cielos!... ¡Allí está!... Sí... Ya le veo... Res- pira, vive, llama á su madre... ¡Ah! La mano de Dios le ha detenido en su caida... ¡Y yo blasfemaba de su misericordia!... ¡Acaba tu obra, Dios bueno!... ¡Perdon para esa criatu- ra!... Abreme un camino hasta él... ¡Permi- te que el verdugo salve á su víctima! Yo seré su guía... Yo le volveré á la vida... Yo le entregaré estòs títulos que le pertenecen... Mirad, señor... Ahora mismo, ahora mismo se los devuelvo... ¡Tómalos, Tómalos! (Echa

Ladridos

los papeles junto á Enrique.) ¡Sálvanos, Dios mio! (Oyense ladridos lejanos.) ¡Qué oigo!... ¿Ha sido una ilusion?... (Nuevos y más próximos ladridos.) ¡Ah! Dios me ha escuchado... ¡Mi corazon se abre á la esperanza! (Leon aparece en lo alto, ladra, salta de una roca á otra y vuelve á ocultarse.) ¡Ya le veo!... ¡Ah! ¡Dios eterno, tu misericordia es infinita! ¡Yo creo en tí, Señor... yo creo en tí!... (Vuelve á aparecer Leon, salta á otra roca más cercana, y se oculta otra vez.) ¡Ahí está!... ¡Si podrá llegar hasta el niño... y hasta mí!... (Aparece Leon junto á Enrique, da vueltas alrededor, y le lame.) ¡Ya llegó!... Pero el abismo nos separa... ¡Sí, sí!... ¡acá... acá... ven acá!... (Leon viendo una persona que le llama y le tiende los brazos, salta de un brinco á su lado salvando el precipicio.) ¡Ven, noble animal, fiel amigo del hombre! Ven, tú me sostendrás, yo me arrastraré, y tú me sacarás de aquí... (Acariciándolo.) ¡Me volverás al mundo, á la vida!... Ea... ¡Animo!... ¡Llévame!... Salgamos de aquí... ¡Aunque sea á pedazos, saldré de este sepulcro! ¡Por dónde tú pases, pasaré yo! (Abrázase á él.) ¡Ya no me separo de tí!... (Leon hace esfuerzos para andar.) ¡Sálvame!... ¡Ven, ven! Yo ayudaré... ¡Animo! (Leon arranca por fin con Darlemont, colgado de él, y empieza á subir, Enrique se incorpora; lo ve y clama.)

ENRIQUE.   ¡Mamá! (Leon responde con un ladrido, volviendo hácia él la cabeza, como quien dice: esperame.) ¡Mamá! (Leon repite el ladrido.—Cae el telon.)

ACTO QUINTO.

El teatro representa el monte de San Bernardo. A la derecha en primer término el hospicio nuevo. A la izquierda las ruinas del antiguo. En el fondo las montañas, con estacas que señalan la vereda.

ESCENA PRIMERA.

EL PADRE ANSELMO, GENARO y RELIGIOSOS.

ANSELMO. (Empieza á amanecer. Oyese el órgano acompañando los últimos versículos del requiem. Concluido este, salen de dos en dos los religiosos presididos por su superior el padre Anselmo. Genaro sale á su encuentro por otro lado.) ¿Qué hay, hermano Genaro?

GENARO. Padre Anselmo, mientras cantábais el oficio á las víctimas del temporal, halladas entre la nieve, he visitado á los que se han recogido en el hospicio; los más maltrados están en la enfermería; los que solamente necesitaban reparar sus fuerzas, han sido conducidos al refectorio, y allí os aguardan.

ANSELMO. ¿Y cómo es que no está con vos el hermano Enrique?

GENARO. ¡Padre Anselmo, temo alguna desgracia! Así que empezó el huracan, tomó su baston y desapareció por las montañas, buscando, como tiene de costumbre, á los infelices caminantes que caen entre la nieve... Todos los religiosos están ya aquí, y el hermano Enrique no ha vuelto aun al monasterio.

ANSELMO. ¡Dolor seria que Dios nos privase de él!... Es ejemplo de la comunidad. Pero yo no participo de vuestros temores; porque sé cuál es su celo, y observo que siempre es el primero á salir, cuando amenaza temporal, y el último que vuelve. Dichoso él, que aun tiene juventud y fuerzas para un trabajo tan penoso y tan meritorio.

GENARO. ¡Eso sí!... Cinco años hace que entró de novicio en el monasterio, de resultas de haberse salvado milagrosamente de la tempestad en que se fué á pique el barco que lo conducia á Italia, y desde entonces pasa la vida recorriendo de dia y de noche las montañas. ¡Y sin querer profesar!... Pues ya me parece que basta para muestra de que puede con el trabajo.

ANSELMO. Dejémoslo á su voluntad, hermano; él profesará. (Oyese una fuerte campanada lejana.)

GENARO. ¡La campana de aviso!

ANSELMO. ¡Será él!

GENARO. No, padre: son los dos perros con el hermano Valentin. (Sale un religioso con dos perros que traen un farolito encendido al pescuezo.)

ANSELMO. ¿Han vuelto ya todos los perros?

GENARO. Todos, excepto el intrépido Leon.

ANSELMO. Salgan dos hermanos en su busca. Y dar de de comer á los demás perros. (Dos religiosos se van por las montañas: el otro se lleva dentro los perros.) ¿Decidme, y esa pobre mujer que salvásteis ayudado del guia Renato, ha vuelto en sí?

GENARO. Sí, señor; pero está en contínuo delirio... Se echa de la cama al suelo gritando: ¡Yo quiero mi hijo!... ¡Volvedme mi hijo!

ANSELMO. ¿Y qué ha sido de su hijo?

GENARO. Con ella venia, segun me informó Renato; pero allí no estaba más que ella sola... y cuando Leon no le halló, bien puede darlo por perdido.

ANSELMO.   ¡Desgraciada! Cuidadla bien, y no os separeis
    de ella... Pero sin contrariarla en nada: de-
    jad que desahogue su dolor.

GENARO.   ¡Quién sabe!... ¡Aun puede conservar alguna
    esperanza!... Leon, apenas llegó aquí con ella,
    volvió á desaparecer...

ANSELMO.   ¡Noble animal!... ¡Siempre estoy temiendo
    que sea víctima de su demasiado arrojo!...
    ¡Sería un dia de luto para el monasterio!
    (Oyese otra campanada; Leon llega á carrera.)

LOS RELIG.   ¡Es Leon!... ¡Leon! (Leon suelta á los piés del padre
    Anselmo la calabaza.)

GENARO.   (Levantándola.) ¡Y la trae vacía! (Leon se entra dan-
    do saltos en el hospicio.)

ANSELMO.   ¡Muy alegre viene!

GENARO.   Y trae hambre... ¡Mirad como se ha ido de-
    recho al refectorio!

ANSELMO.   Habrá salvado algun otro caminante. Vamos,
    hermanos; vamos, como de costumbre, á re-
    correr las montañas vecinas antes de entrar
    al refectorio. (Todos toman los bastones herrados y
    marchan en diversas direcciones)

ESCENA II.

LUISA.

LUISA.   (Se asoma á la puerta; los ve marchar y baja á la esce-
    na.) ¡Ah! ¡Ya he logrado burlar su vigilancia
    ¡No me han visto salir del hospicio... ya es-
    toy libre! Tratemos de que no vuelvan á
    recogerme. ¡Ah! ¡Yo no quiero auxilios... yo
    no quiero consuelos... yo quiero mi hijo!...
    ¡Mi hijo es mi vida! ¡No es mi cuerpo el que
    padece... es mi alma! ¡Pero mi hijo... sí...
    está en el fondo de aquel precipicio!... ¡Cómo
    habrá caido!... ¿Y cómo es que no bajé á bus-
    carlo?... Sin duda perdí el juicio... ó me qui-
    taron de allí á la fuerza. ¡No me acuerdo ya

de nada... sólo de haber caido de una altura muy elevada... y de un frio y un extremecimiento que sentí... como si me clavaran la hoja de un puñal!... ¡Luego me dormí... dormí un largo sueño... pero un sueño infernal! ¡La voz de un niño me atormentaba sin despertarme!... Oia sollozos y no podia responder... veia sus tiernos brazos extenderse hácia mí... y yo no podia separar del cuerpo los mios... oia clamar «¡Mamá!...» y mi boca entumecida no podia contestar: «¡Hijo mio!» ¡Ah!... ¡Ahora puedo hablar... puedo moverme... puedo andar! ¡Ah! ¡Voy á buscarle!... (Va á arrodillarse á las puertas de la iglesia.) ¡Vírgen santa! ¡Dame tu amparo... dame tu bendicion para ir á buscar á mi hijo!... (Va á levantarse, pero vacila y cae sin fuerzas.) ¡Ah! ¡No puedo!... ¡Dios mio... dame fuerzas!...(Se desmaya.)

ESCENA III.

LUISA, PALMERIN en hábito de novicio y RENATO.

RENATO. ¡Amigo ingrato!... Despues de cinco años de ausencia, nos abrazamos... y me recibes con esa tristeza... y apenas me hablas...

PALMERIN. Dios sabe, Renato amigo, cuántas veces he deseado estrecharte en mis brazos; pero...

RENATO. ¿Pero qué? vamos...

PALMERIN. ¿Qué me preguntas?... Este vacío que siento en mi corazon, ¿quién puede llenarlo?... ¡Tu presencia, Renato, ha venido á traerme recuerdos que hacen brotar sangre de esta llaga eterna... incurable!...

RENATO. ¿Qué incurable?... Yo, sin tener nada de médico, puede que...

PALMERIN. Prosigue... Un rato hace que venimos juntos... y no he tenido valor para preguntarte...

RENATO. Ni yo para decirte...

PALMERIN. ¿Qué?... Acabemos. Estoy muy acostumbrado á sufrir... nada me falta ya saber más que la confirmacion de mis temores. Cinco años hace que salgo todos los dias á recorrer estas montañas... no sé qué secreto impulso me obliga á hacerlo... Pero nada hallo... nada veo, nada que me dé indicios de lo único que amo en el mundo.

RENATO. Como siempre has sido así... has tomado las cosas con tanta vehemencia, no he querido decirte de repente...

PALMERIN. ¿Que ha muerto?

RENATO. ¡No, señor, que vive!

PALMERIN. ¿Vive?

RENATO. ¡Acabemos: vive, y está aquí!

PALMERIN. ¡Dios mio, aquí! ¿Dónde?

LUISA. (Incorporándose.) ¡Ah!

RENATO. (Que iba á llevar á Palmerin al hospicio, se detiene y repara en Luisa.) Me engaño.

PALMERIN. ¡Cielos!

RENATO. ¡Ella es! (Deteniéndolo.) ¡Chit!... ¡Detente! No está en estado de que la hables así de improviso. Aguarda.

PALMERIN. ¡Ah... mi Luisa!

LUISA. (Queriendo levantarse.) ¡Me parece que recobro las fuerzas! ¡Sí, voy á buscarle! (Vuelve á caer de rodillas.) ¡Ah... ya le veo! ¡Por allí va! ¡Por aquel camino que llega hasta el cielo! ¡Por allí va subiendo! Le conozco en la sonrisa angelical... Allá voy, espérame... espérame.

PALMERIN. ¡Ah... está delirando!

LUISA. ¡Tu padre sale á recibirte, Palmerin... espérame á mí tambien. (Se levanta, va á caer: Palmerin y Renato llegan á sostenerla. Ella, viendo el hábito de Palmerin, se arrodilla á sus piés.) ¡Padre... padre! ¡Por Dios, no me volvais á encerrar! ¡Ya estoy buena!... ¡Ya tengo fuerzas!... ¡Dejadme, dejadme ir á buscar á mi esposo!

PALMERIN. ¿A tu esposo? ¿Y le amas mucho?

LUISA.   ¡Ah! ¡Sí le amo!

PALMERIN.   ¡Mírame... mírame! ¿Le amas?

LUISA.   (Alzando poco á poco la cabeza.) ¿Me preguntais si
            le amo?... ¿Si amo á mi esposo? ¡Cielos!...

PALMERIN.   ¡Mírame!...

LUISA.   ¡Es un delirio!... ¡Es una vision!...

PALMERIN.   ¡Luisa!... ¡Esposa!...

LUISA.   (Echándose en sus brazos.) ¡Esposo mio!

PALMERIN.   ¡La justicia de Dios vuelve á unirnos en la
            tierra!

LUISA.   ¡Vives!... ¡Ah!... ¡Vives!...

PALMERIN.   ¡Sí... para amarte! ¡Para ser felices!...

LUISA.   ¡Felices!... ¡Ah! ¿Por qué vives? ¿Por qué no
            es verdad que has muerto?

PALMERIN.   ¡Luisa! ¿Qué dices?

LUISA.   ¡Ahora soy más desgraciada... porque no pue-
            do guardar para mí sola esta desesperacion
            que me destroza!

RENATO.   (Aparte.) ¿Qué haré yo para que no le descubra?
            ¡Vaya, serenáos! Venid á reposar. (Aparte á
            Palmerin.) No la preguntes nada... está altera-
            da todavía.

ESCENA IV.

DICHOS y León que sale del hospicio perseguido por GENARO.

GENARO.   ¡Leon!... ¿Quiéres venir adentro? ¡Vamos!
            Apenas ha probado la pitanza y bebido agua,
            y ya quiere marchar otra vez. ¡Vamos aden-
            tro! (Leon vuelve y lo acaricia; pero se resiste cuando
            quiere llevarlo adentro. Genaro se lo lleva á la fuerza.)
            ¡Vamos, se obediente, Leon, adentro! (Cierra
            la puerta.) Ahora veremos si sales. (Leon rompe
            los vidrios de una ventana, salta fuera y echa á correr a
            las montañas.) ¡Demonio de perro! ¿Qué tendrá?
            (Váse tras él.)

LUISA.   ¡Ah noble animal! ¡Vuelves á las montañas...
            espera... yo iré contigo! ¡Yo te enseñaré el

sitio, el precipicio donde hemos de bajar los
dos á buscarlo, donde quiero yo verlo y morir!

PALMERIN. ¡Morir!... ¿Qué dices, Luisa?... ¡Cielos... qué
sospecha... Luisa!

LUISA. ¿Y tú estabas tan cerca, y no viniste á defen-
derlo?

PALMERIN. ¡Explícate!

LUISA. Y el corazon no te decia: tu hijo, tu Enrique,
va morir... ¡corre á salvarlo ó á vengarlo!

PALMERIN. (Fuera de sí) ¿De quién? ¿De quién?

ESCENA V.

DICHOS, UN GUÍA y DOS RELIGIOSOS sosteniendo á DARLEMONT
moribundo.

RENATO. (Aparte á Palmerin.) ¡Por Dios, Palmerin, no ves
que está delirando! Vamos, vamos, á llevar-
la adentro. (Los dos empiezan á llevarla.)

DARLEM. ¡Sostenedme... no tengo fuerzas... ni sé cómo
he podido llegar hasta aquí!

LUISA. (Luisa al oir su voz hace esfuerzos convulsivos para
detenerse. Vuélvese poco á poco, quédase mirando á Darlemont, da un grito, y señalándole con el dedo trémulo, exclama:) ¡Ah! ¡Ese... ese es el asesino
de tu hijo!

PALMERIN. ¡Darlemont! (Arranca el baston de manos del guía,
y se arroja á Darlemont. Renato le agarra el brazo: el
guía y los religiosos se ponen enmedio.)

TODOS. ¡Detenéos!

PALMERIN. ¡Dejadme!

RENATO. ¡Míralo... es un moribundo!

PALMERIN. (Soltando el baston.) ¡Ah!

RENATO. ¡No usurpes la justicia de Dios, que ya le llama á su tribunal!

DARLEM. ¡Sí, porque la justicia de los hombres no me
alcanza á mí! (Palmerin acude á sostener á Luisa que
ha quedado sin conocimiento al aspecto de Darlemont.)

PALMERIN. ¡Y Dios te concede morir así, en un lecho, en